MUKBANG

먹방

안순태

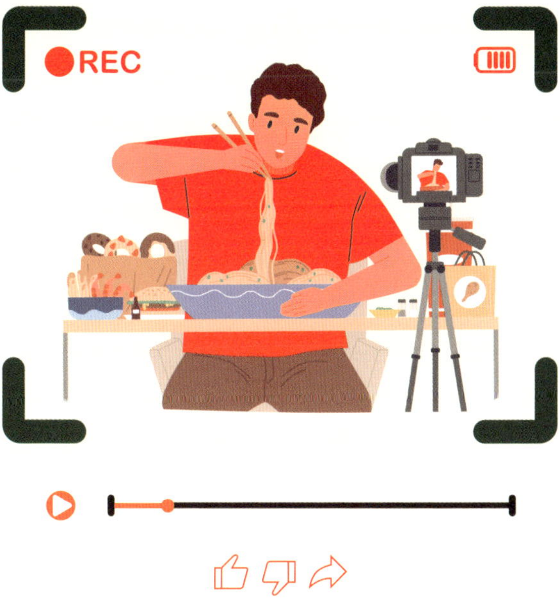

박영사

본 저서는 2024년도 한국방송학회-GS리테일 방송/영상 분야 저술지원사업에 의해 수행되었음

들어가는 말

어릴 적, 방학이 되면 시골 외할머니 댁에 자주 내려갔다. 아침이면 눈을 뜨자마자 부스스한 채로 마당으로 나갔던 기억이 난다. 마당 한쪽에서는 외할머니가 소여물통 앞에서 소에게 아침을 챙겨주고 계셨다. 나는 마치 하루의 일과처럼 마당 구석에 쪼그려 앉아 그 모습을 지켜보곤 했다.

소가 고개를 끄벅거리며 여물통에 코를 박고 천천히 씹는 모습은 별것 아닌 듯했지만, 씹는 소리, 콧김을 내뿜는 소리, 그리고 할머니가 소에게 건네는 말소리까지, 그 모든 것이 나의 시선을 끌기에 충분했다.

그렇게 어릴적 외할머니 댁 나의 하루는 소의 먹방으로 시작되었다. 아주 오래전의 일이다. 인터넷도 없고, 먹방이 Mukbang으로 영국 옥스퍼드 사전에 등재되기 한참 전.

누군가가 먹는 모습을 보는 것은 단순한 흥미를 넘어 다양한 욕구를 충족시킨다. 그것은 함께하는 즐거움이 될 수도 있고, 대리 만족이나 연결감을 느끼게 하기도 한다.

우리는 왜 먹방을 보며, 그 감정을 공유하며 이야기를 나누고 싶어 하는가? 이 책은 그러한 질문에서 출발한다. 먹방의 탄생과 진화, 그 안에 숨겨진 심리적·사회적 의미를 탐구하며, 한국에서 시작된 먹방이 영문 Mukbang으로 널리 퍼진 과정과 배경을 살펴보고자 한다.

또한 '밥심', '밥상머리' 등 밥과 관련된 한국 문화가 공동체 형성과 정서적 유대에 어떤 역할을 해왔는지, 디지털 미디어 속에서 먹방을 통해 어떻게 재현되고 있는지 이야기하고자 한다.

먹방은 단순히 '누군가가 맛있게 먹는 장면'이 아니다. 그것은 우리의 일상과 감정을 반영하는 하나의 문화 현상이며, 현대 사회에서 식사가 가지는 새로운 의미를 보여준다.

1장에서는 '먹고살기 힘들지', '밥은 먹고 다니냐' 등 한국인의 일상적 표현과 소통방식을 짚어보았다. 한국에서 먹방이라는 조어가 만들어질 수 있는 문화적 배경을 끼니를 나눈다는 전통문화와 관련하여 살펴보았고, 2장에서는 밥심, 밥상머리가 주는 문화적 의미를 되새겨 보며 디지털 공간에서 재현되고 있는 밥상공동체의 의미를 논의하였다.

3장에서는 한국 음식 방송 콘텐츠 전반을 살펴보고 다른 나라와 비교해 한국 음식 방송의 특성을 정리해 보았다. 4장은 온라인 먹방 콘텐츠에 초점을 두고 디지털 공간에서 밥상머리 대화가 이루어지는 전 세계적 현상을 살펴보았다.

5장에서는 먹방이라는 조어의 탄생과 글로벌 확산을 정리하고, 6장에서는 하나의 방송 시장으로 먹방의 규모, 유형, 방식을 국내외 먹방 시장의 현황과 추세를 바탕으로 정리하였다.

7장에서는 먹방에 대한 사회학적 고찰을 진행하였다. 가상 음식지형, 정서적 식욕, 일탈행동, 대리 만족, 그리고 푸코의 헤테로토피아 개념을 바탕으로 먹방을 살펴보았다. 8장에서는 문화심리학적 차원에서 한국 전통 문화와 혼밥과 혼술이 퍼져나가고 있는 변화하는 사회 환경을 함께 되짚어 보았다.

9장에서는 방송학의 이용과 충족이론 관점에서 먹방의 다양한 시청 동기를 정리하였다. 10장에서는 헬스커뮤니케이션 관점에서 폭식, 과식, 빨리 먹기 등 좋지 않은 식행동이나 몸에 좋지 않은 음식 섭취가 주로 이루어지는 먹방이 신체적, 정신적 건강에 미치는 영향을 살펴보았다.

11장에서는 먹방의 순기능, 역기능을 구분하여 정리해 보았다. 풍요의 시대라고 불리는 오늘날, 사람들이 느끼는 다양한 정신적, 신체적 결핍을 먹방이 어떠한 차원에서 충족시켜주고 있는지, 그리고 이와 관련된 역기능을 살펴보았다. 마지막으로 12장에서는 먹방을 결핍과 충족의 커뮤니케이션이라는 차원에서 짚어보았다. 어떠한 결핍이 어떠한 욕구를 생산하고 어떠한 충족으로 대체되는지 먹방을 통해 경험하는 즐거움, 만족 등을 살펴보고, 전 세계적으로 먹방이 확산되고 소비되고 있는 현상을 종합하여 마무리하였다.

어릴 적, 아침마다 소가 천천히 여물을 씹으며 한 입 한 입 삼키던 모습을 지켜보던 것처럼, 먹는 장면을 바라보는 것은 자연스럽게 우리의 시선을 붙잡는다. 어느 순간 마음을 채우는 시간이 되기도 하고, 그냥 생각 없이 마음을 비우는 시간이 되기도 한다.

밥상이 주는 의미를 다시 한 번 되새겨 본다. 함께 둘러앉아 나누던 따뜻한 밥 한 끼, 주고받던 이런 저런 이야기, 그 속에 담겨진 정(情). 그 기억들은 어느새 나의 일부가 되어 오늘을 살아가는 버팀목이 되어 있다.

그 수많은 밥상의 기억과 추억을 떠올리면 자연스레 미소가 지어진다. 외할머니의 정겨운 시골 밥상, 언제나 푸근한 우리 엄마의 밥상, 유학시절 낯선 곳에서 마음을 지켜주는 힘이 되던 밥상, 그리고 친구들과 나누는 웃음과 이야기 속에도 늘 밥상이 있었다.

그리고 이제는 솜씨 없는 내가 차린 밥상으로 남편과 딸, 사위가 함께 한다. 그 속에서 마음이 채워지고 마음이 비워진다.

밥상에서 함께한 우리의 시간을 돌아보면, 밥상머리 대화 속 웃음, 흐뭇하게 바라보던 시선, 시끌벅적한 다툼까지도, 지금의 나와 우리의 모습을 만들어낸 소중한 기억임을 깨닫게 된다.

먹방으로 충만해지는 우리의 일상과 Mukbang으로 전 세계 곳곳에서 일어나는 소통과 나눔, 그리고 연결된 시간이 우리 마음을 채우고 때로는 비워주며, 더 건강하게 자리잡길 바란다.

2025년 6월

안순태

차 례

PART 1 먹방과 한국인의 소통 문화

CHAPTER 1 한국인의 일상적 표현

CHAPTER 2 밥심과 밥상머리 문화

PART 2 먹방과 한국 음식 방송

CHAPTER 3 한국 음식 방송 콘텐츠

CHAPTER 4 온라인 먹방 콘텐츠

PART 3 먹방Mukbang의 시작과 영향

CHAPTER 5 먹방Mukbang의 탄생과 성장

CHAPTER 6 방송 시장으로 먹방의 경제학

PART 4 먹방에 대한 다학제적 이해

CHAPTER 7 먹방에 대한 사회학적 고찰

CHAPTER 8 먹방에 대한 문화심리학적 고찰

CHAPTER 9 먹방 시청에 대한 방송학적 고찰

MUKBANG

먹방

PART 1

먹방과 한국인의 소통 문화

CHAPTER 1

한국인의 일상적 표현

CHAPTER 2

밥심과 밥상머리 문화

CHAPTER 1

한국인의 일상적 표현

1 먹고 살기 힘들지?

우리가 자주 사용하는 언어적 표현들은 우리의 문화와 의식을 잘 드러낸다. 최근 전 세계적으로 이어지는 경기 침체와 국내 내수시장의 어려움 속에서 많은 사람들이 일상생활에서 경제적 부담을 더욱 실감하고 있다. 이런 상황을 반영하듯, 일상적인 대화 속에서 자주 등장하는 인사말 중 하나는 "먹고 살기 힘들지?"라는 표현이다. "밥 먹고 살기 힘들다" 또는 축약하여 "먹고 살기 힘들다"라는 자조적 표현도 많이 쓰인다.

"먹고 살기 힘들지?"라는 인사말은 단순히 경제적 어려움을 표현하는 데 그치지 않는다. 일상적으로 가족, 친구, 동료 간 대화에서 자주 등장하며, 특히 서로의 고충을 공감하거나 위로할 때 많이 사용된다. 이 외에도 "밥 먹었어?"처럼 먹는 것과 관련된 표현은 우리의 일상 대화에서 감정 교류와 관계 형성의 중요한 매개체가 된다. 이러한 언어적 표현들은 단순히 생존을 위한 '먹는 행위'를 넘어, 한국 사회에서 공동체적 유대감과 정서적 교류를 중심으로 한 소통 방식을 잘 보여준다(오세영·이현, 2004). 이는 우리의 문화가 음식을 통해 관계를 맺고, 나누며, 서로를 이해하는 데 깊이 뿌리를 두고 있음을 드러낸다.

다른 문화권에서는 "먹고 살기 힘들지?"와 유사한 표현이 있을까? 모든 사회가 서로의 안부를 묻고 고충을 공감하며 위로하는 표현이 존재하지만, 그 뉘앙스와 강조점은 다르다. 예를 들어, 영어권에서는 "make ends meet"이라는 표현이 있다. 이는 경제적으로 어려운 상황에서 생계를 유지하려는 고충을 나타내는 말로, "It is getting hard to make ends meet"라는 표현이 한국의 "요즘 먹고 살기 힘들다"와 유사한 듯하다.

그런데 영어 표현 "make ends meet"은 경제적으로 기본적인 생활을 유지하는 것, 즉 수입이 지출을 간신히 충당하는 상태를 의미한다. 생계유지에 필요한 최소한의 비용을 마련하고, 빚지지 않으면서 살아가는 것을 나타내는 것이다. 가계부의 개념에 충실한 것으로 삶의 본질을 경제적 개념에 근거해 표현하는 것이다. 같은 어려움이라도 "make ends meet"은 주로 객관적인 경제적 어려움에 초점을 맞추는 반면, 한국의 표현은 먹는 행위를 통해 삶의 본질적 어려움을 공감하고 정서적 위로를 전하는 데에 더 무게를 둔다는 점이 주목할 만하다. 우리가 사용하는 언어적 표현이 우리의 의식과 문화를 반영하고 있음이 잘 드러난다.

다시 말해, 우리가 흔히 사용하는 음식을 매개체로 한 다양한 일상적 표현들은 한국인의 인식과 사고방식을 투영하고 있다. 이러한 맥락에서 Mukbang(먹방)이라는 고유명사가 한국에서 탄생하고 발전한 것은 어쩌면 당연한 결과일지도 모른다. 한국은 전통적으로 음식을 중심으로 가족과 공동체를 연결해 왔으며, 현대에도 다양한 미디어를 통해 음식을 매개로 한 소통을 지속하고 있다. Mukbang은 음식을 중심으로 한 우리 문화의 독특한 특성이 디지털 시대에 자연스럽게 구현되고 있는 하나의 현상으로 보인다.

특히 한국인에게 '밥'이 주는 의미를 되새겨 보면, 먹방 현상에 대한 문화적 뿌리와 정서적 공감대를 이해할 수 있다. 한국인에게 '밥'은 단순한 식사를 넘어, 생존, 정, 그리고 공동체의 상징으로 자리 잡고 있기 때문이다. 이는 먹방이 단순한 음식 소비를 넘어 사회적, 정서적 연결을 추구하는 현상으로 확장될 수 있는 배경이 된다.

2 밥은 먹고 다니냐?

'밥'과 관련된 또 하나의 일상적 표현은 "밥은 먹고 다니냐?"이다. 누군가의 안부를 묻는 일상적 인사도 한국에서는 '먹는 것'을 중심으로 이루어진다. 이 표현은 단순히 상대방의 식사 여부를 묻는 것을 넘어, 그 사람의 전반적인 생활 상태와 건강을 걱정하는 따뜻한 정서가 담겨 있다. 특히 경제적 어려움이나 심리적으로 힘든 시기를 겪는 상황에서 자주 사용되며, 이러한 맥락 속에서 위로와 격려의 메시지를 전달하는 역할을 한다.

이를 영어로 번역해보면 "Are you eating properly?", "Have you been eating well?" 정도로 표현할 수 있지만, 모두 어딘가 어색하게 느껴진다. 미국과 호주 등 영어권에서 오랜 시간 일하며 거주해 본 필자의 경험에 따르면, 이러한 말을 일상적인 대화에서 들어본 적이 거의 없다.

영어권 문화에서는 안부를 묻는 과정에서 먹는 것을 언급하기보다는, 건강 상태나 일상의 기분을 물어보는 경우가 많다.

즉 영어권 문화에서 '먹는 것'을 중심으로 이야기가 오가는 경우라면, 그것은 말 그대로 음식 자체가 대화의 주제가 되는 상황에 한정되는 경우가 많을 것이다. 우리가 한국어로 안부를 묻고 인사를 나누는 표현들을 생각해보면, 한국이 얼마나 음식과 밀접하게 연관된 문화적 소통 방식을 가지고 있는지, 그리고 그러한 방식이 다른 문화권과 어떻게 차이를 보이는지를 잘 알 수 있다.

얼마 전 현직 대통령이 체포되는 사건이 발생했고, 뉴스 채널들은 속보라는 이름으로 수사와 수감 상황을 실시간으로 전달했다. 그 중 하나 눈에 띄는 점은 화면 아래 빨간색 큰 글씨로 "어제 짜장면, 된장찌개 식사... 오늘 황태국, 해장국 제공"1)이라는 자막이 쓰여 있었다는 것이다. 기자의 브리핑에도 점심과 저녁 메뉴가 포함되었으며, 화면 하단에 그 메뉴가 적혀 있는 모습을 보며, 다시 한번 우리 사회에서 밥이 중심이 되는 소통 방식을 실감할 수 있었다. 헌정 사상 처음으로 현직 대통령이 체포되어 수감되는 상황에서도 밥은 먹었는지가 보도의 내용이 된다는 점이 주목할 만하지 않은가?

사실 "어제 짜장면, 된장찌개 식사…"와 같은 보도 내용이 우리에게 그다지 특별하게 느껴지지 않는다는 점이 오히려 이례적이다. 다른 민주주의 국가에서는 대통령이 수감되는 국가적 위기 상황에서 식사 메뉴가 뉴스가 되는 일 자체가 드문 일이기 때문이다. 이런 세부적인 식단

1) 방준혁 (2025). 윤대통령 구금 사흘째…조사 거부하고 두문불출. [YouTube 동영상]. 연합뉴스TV (YonhapnewsTV). Retrieved from https://www.youtube.com/watch?v=iqTciyuRJRA

보도는 철저한 국가 통제 아래서 지도자의 사소한 일상조차 선전의 도구가 되는 독재 국가에서나 볼 수 있는 방식이라고 여겨지지 않을까? 우리에겐 낯설지 않은 "어제 짜장면, 된장찌개 식사…" 특보는 한국에서 '밥'이 우리 일상 속 대화의 근간이 되고 있다는 점을 잘 보여준다.

즉 한국 문화에서 '밥'은 단순한 음식이 아니라 특별한 상징으로 자리 잡고 있다. 상대방에 대한 깊은 관심과 연결되고, 언어를 통한 관계의 중요성을 보여준다. 결국, "밥은 먹고 다니냐?"라는 표현은 한국 사회에서 단순한 안부를 넘어 공동체적 정서와 유대감을 담고 있는 중요한 문화적 코드이다. 이는 현대의 디지털 문화에서도 그대로 이어져, 먹방이나 음식 관련 콘텐츠가 단순한 소비를 넘어 정서적 소통의 창구로 확장되고 있음을 시사한다.

3 영화 <살인의 추억> "밥은 먹고 다니냐?"

"밥은 먹고 다니냐?"라는 표현은 봉준호 감독의 영화 〈살인의 추억〉에서 송강호 배우가 연기한 형사 박두만의 대사로 잘 알려져 있다. 영화에서, 형사가 피의자에게 무심한 듯 툭 던지는 말로 등장한다. 영어 자막은 "Do you get up each morning too?"로 번역되어 전달된다. 전혀 '밥'이라는 단어가 들어가 있지 않다. 영어권에서는 '밥'이라는 단어가 주는 상징성이 한국과 다르기 때문에, 한국어 원문에 담긴 감정적, 문화적 깊이를 온전히 전달하기 쉽지 않았을 것이다. 대신 '밥'이라는 단어 없이, 영어자막은 다소 투박하고 무심한 방식으로 상대를 대하는 박두만의 캐릭터를 드러내며 한국적인 정서를 전달한다.

현직 대통령의 체포와 수감에 대한 보도에서도 점심과 저녁에 무엇을 먹었는지가 뉴스가 되는 우리 문화에서 “밥은 먹고 다니냐?”의 의미는 상당히 철학적이고 의미심장하다. “Do you get up each morning too?” 번역은 ‘밥’이라는 한국어 단어가 가진 문화적, 상징적 의미를 전달하기는 어렵지만, 박두만의 캐릭터와 대화의 흐름을 이해하는 데는 충분히 효과적이다. 영어 번역은 캐릭터의 무심한 태도와 대화의 흐름을 살리기 위해 의역을 선택한 것으로 보인다.

한국에서 ‘밥’은 단순히 식사를 넘어 생존, 건강, 안부, 정서적 안정, 그리고 공동체적 유대를 상징하는 중요한 요소다. 부모가 자식에게 “밥은 먹고 다니냐?”라고 묻는다면 이는 자식의 건강과 삶을 진심으로 염려하는 따뜻한 관심과 사랑을 담은 말이다. 친구나 연인 사이에서도 ‘밥’은 걱정과 위로의 매개체로 작용하며, 관계를 유지하고 강화하는 데 중요한 역할을 한다.

그러나 영화 〈살인의 추억〉에서 “밥은 먹고 다니냐?”는 이와는 전혀 다른 맥락에서 사용된다. 이 대사는 부모와 자식 간, 혹은 친구 간의 정서적 유대와는 거리가 멀다. 박두만이 이 말을 던질 때의 뉘앙스는 상대방을 걱정하는 마음보다는, “너 같은 인간도 밥은 먹고 다니냐?”라는 비아냥과 조롱의 의미를 담고 있다. 이는 단순히 상대방을 낮춰보는 태도라기보다는, 그 사람이 저지른 끔찍한 행동(살인)을 생각하며, 죄책감 없이 일상생활을 영위할 수 있느냐는 충격과 경멸을 드러낸 것이다.

이 대사가 영어로 “Do you get up each morning too?”로 번역된 것은 문화적 차이를 잘 보여준다. 번역된 표현은 ‘밥’이라는 한국어 단어가 가진 깊은 상징성을 직접적으로 전달하지 못했지만, 매일 아침 눈을 뜨고 숨을 쉬는, 인간으로서의 기본적 생존을 묻는 의미를 강조했다. 즉, 살인을 저지르고도 일상적인 삶을 계속 영위할 수 있느냐는 의문과 조롱을 영어 문화권에서 자연스럽게 이해할 수 있도록 의역한 것이다. '밥'의 한국적 의미를 영어로 표현하기 위해 '밥'이라는 단어를 넣지 않고 의역한 번역자의 고민이 잘 드러난다.

한국인에게 '밥'은 단순한 식사를 넘어 생존, 관계, 정서적 유대의 상징이면서 동시에 자격이 있어야 누릴 수 있는 특권이기도 하다. "밥 먹을 자격이 없다"는 표현은 남을 혹독하게 비난하거나 스스로에게 던지는 자조적 표현으로 많이 사용된다. 이는 도덕적 기준과 인간의 품위를 상징하며 사회적으로 누릴 수 있는 기본적 권리가 부여될 수 없는 사람을 의미한다. 따라서 영어권에서는 이에 상응하는 표현으로 생존을 묘사하는 '숨쉬기'나 '아침에 눈을 뜨는 행위'가 보다 익숙하고 자연스러운 상징으로 연결될 것이다. 한국인에게 '밥'은 우리를 숨 쉬게 만드는 공기와도 같은 존재이면서 사회적, 도덕적 관계에서 자신의 역할을 다하지 못한 사람에게는 주어질 수 없다는 의미를 담고 있다. "밥은 먹고 다니냐"라는 말이 상황에 따라 전혀 다른 의미로 소통될 수 있는 배경이다.

4 밥과 관련된 한국인의 소통

한국 문화에서 '먹는 것'은 단순히 배고픔을 해결하는 생리적 행위를 넘어, 관계와 정서를 중심으로 한 중요한 문화적 요소이다. 일상적인 인사말에서도 명확히 드러나며, 단순히 상대방의 식사 여부를 묻는 것 이상의 깊은 의미를 담고 있다. '먹는 것'을 중심으로 한 다양한 표현들은 한국 사회에서 개인과 공동체 간의 관계를 강화하고, 서로의 어려움에 공감하며 위로하는 중요한 역할을 한다.

우선, 가장 흔히 사용되는 표현인 "밥은 먹었어?"는 단순히 식사를 했는지 물어보는 것이 아니다. 이는 상대방의 전반적인 안부를 확인하는 의미를 지닌다. 가족, 친구, 동료 등 친밀한 관계에서 사용되며, 상대방이 잘 지내고 있는지, 건강은 괜찮은지를 묻는 일종의 정서적 교감이다. 특히, 한국에서 '밥'은 생존과 건강을 상징하는 중요한 요소로 여겨지기 때문에, 이 표현은 상대의 기본적인 삶의 질에 대한 관심을 나타내는 것이다.

한국 문화에서 식사를 함께하자는 제안은 단순히 음식을 나누는 행위를 넘어 중요한 사회적 의미를 지닌다. "시간 되면 밥 한 번 먹자"나 "언제 밥 한번 같이 먹자"라는 말은 관계를 강화하고 유지하려는 의도로 사용된다. 이는 서로의 시간을 공유하며 관계를 돈독히 하려는 사회적 행위이다. 물론 서구권에서도 식사 초대는 관계형성과 유지에 중요한 매개체 역할을 하지만 우리 사회에서 밥을 함께 먹는다는 것은 더 큰 의미를 가진다.

한국에서 밥은 상대방의 건강을 염려하는 표현으로도 흔히 쓰인다. "밥 잘 챙겨 먹고 다녀"나 "밥이 보약이다"와 같은 말은 상대의 건강과 안위를 걱정하며 격려하는 표현으로, 가족과 친구 간의 대화에서 자주 등장한다. 이는 한국 문화에서 음식이 단순히 생존을 위한 것이 아니라, 건강과 정서적 안정의 기본 요소로 여겨진다는 점을 잘 보여준다.

이와 함께 '밥'은 인간이 겪는 다양한 상황과 행위를 비유적으로 나타내기도 한다. 예를 들어, '밥벌이'는 생계를 위해 일하는 행위를 뜻하며, "밥값을 하다"는 자신의 역할이나 책임을 다한다는 의미로 쓰인다. 이러한 표현들은 밥이 단순한 음식 그 이상의 문화적, 사회적 상징임을 잘 보여준다.

결국, 한국에서 밥은 삶의 기본적 요소, 관계의 매개체, 그리고 공감과 위로의 중심으로 자리 잡고 있다. 밥과 관련된 표현을 정리해보면, 안부를 묻고, 위로와 공감을 표현하고, 환대를 나타내고, 감사를 표현하고, 역할이나 책임을 나타내며 건강을 기원하기도 한다. 이는 한국의 공동체적 문화와 서로의 삶에 대한 깊은 관심을 잘 보여주는 독특한 언어적 관습으로, 한국인의 사고방식과 정서를 이해하는 데 중요한 단서를 제공한다.

먹방이 한국에서 시작된 건 우연이 아닌듯 하다. 우리 문화에서 먹는 것이 소통의 매개체이자 관계의 중심에 있다는 것을 돌아보면 먹는 것을 통해 소통하는 먹방이 한국에서 시작된 것은 어쩌면 자연스러운 일인지도 모른다.

먹방은 '먹는 방송'의 줄임말로, 한국에서 만들어진 새로운 방송 유형이자 문화적 현상이다. 영어로는 'Mukbang'으로 표기되며, 옥스퍼드 사전에 등재될 만큼 전 세계적으로 알려져 있다. Spence et al.(2019)의 연구에 따르면, 먹방을 통해 한국의 음식문화와 식사 예절이 자연스럽게 해외에 소개되었고, 한식의 세계화에도 긍정적인 영향을 미쳤다.

즉 먹방은 단순한 콘텐츠를 넘어 문화 교류의 중요한 매개체 역할도 하고 있다. 특히 코로나19 팬데믹 이후 비대면 문화가 확산되면서, 먹방은 글로벌 시청자들에게 새로운 형태의 식사 경험과 문화적 교류를 제공하는 플랫폼으로 자리잡았다. 2021년 방영된 '오징어게임'에 나온

'달고나' 게임은 수많은 유튜브 크리에이터들의 '달고나 먹방'이라는 2차 콘텐츠[2]를 탄생시켰다. '불닭볶음면'을 주제로 한 매운 음식 도전 먹방도 전 세계적으로 큰 인기를 끌었다. 다양한 국가에서 한국의 매운 라면을 체험하고 이를 공유하게 만들며, 한국 음식에 대한 관심을 높이는 계기가 됐다.

먹방은 단순히 음식을 먹는 모습을 보여주는 데 그치지 않고, 먹는 것을 매개체로 시청자와 소통하며, 음식과 관련된 문화적 가치를 전달하는 중요한 미디어 콘텐츠로 자리 잡았다. 먹는 행위를 중심으로 한 우리의 문화가 현대적인 방식으로 재해석되고 있는 것이다. 단순한 식사 행위가 디지털 시대에 새로운 소통의 도구로 변모하고 있다는 점에서, 이와 관련된 사회적, 문화적, 심리학적, 그리고 경제적 가치와 영향력에 대한 체계적인 논의와 점검이 필요하다. 특히, 먹방이 창출하는 콘텐츠는 글로벌화된 사회에서 문화 교류를 촉진하고, 우리가 누구인지 되짚어보는 기회를 제공하며, 음식이라는 매개체를 통해 정체성과 문화를 재조명하는 계기가 될 것이다.

---

2) 김예랑 (2021). 인사동서 파는 달고나 가격이 7000원?…오징어 게임 덕 열풍. 한국경제. Retrieved from https://www.hankyung.com/article/202110073202H

CHAPTER 2

밥심과 밥상머리 문화

1 한국인과 밥심

“한국인은 밥심으로 산다”라는 말이 있다. 한국 문화에서 밥을 먹어서 나는 힘, ‘밥심’이라는 표현은 밥을 먹는 것이 육체적, 정신적 힘을 제공한다는 인식을 반영한다. 우리나라 일상식은 주식과 부식이 분리된 식사 형식으로 밥은 부식보다 더 중요하게 여기고 챙겨먹는 문화가 형성되어 왔다. 이 표현은 “밥을 먹어야 힘이 난다”는 믿음과 더불어, 밥(쌀)이 한국인에게 단순한 주식이 아니라 정신적, 신체적 에너지를 상징한다는 것을 잘 보여준다(정경조, 2018).

즉 ‘밥심’은 정신적, 심리적 안정감을 주는 요소로서 한국인에게 밥은 삶을 지탱하는 기둥 역할을 한다. 이를 잘 보여주는 최근 광고가 하나 있다. NH 농협은 ‘쌀 소비 촉진’ 캠페인을 진행하며 ‘밥심’을 주제로 광고를 만들었는데, 광고 속에는 군대 복무 중 휴가 나온 아들과 부모가 밥상을 같이하며 ‘밥심’의 의미를 함께 나눈다. 또한 같은 시리즈의 다른 광고물에서는 밥상을 차려놓지는 않았지만 나란히 앉아 삼각김밥을 먹는 학생들의 모습을 통해 '밥심'을 보여주었다.[1] "한국인은 밥심으로 산다"라는 표현이 단순한 에너지 공급을 넘어서 가족과 친구 등 공동체를 연결하고 삶의 지속성과 회복력을 상징하는 의미를 담고 있음이 잘 드러나는 광고이다.

밥과 빵은 서로 다른 문화권에서 주식으로 자리 잡았지만, 본질적으로 유사하면서도 차별화된 역할을 수행한다. 우리나라에서는 전통적으로 밥이 식사의 중심이 되며, 다양한 반찬이 이를 보조하는 구조를 형성한다. 반면, 서구권에서는 빵이 메인 요리와 함께 곁들여지거나 식사의 보조 역할을 한다. 밥은 국과 함께 밥상의 중심에 놓이지만, 빵은 가장자리나 옆에 놓이는 것만 보아도 그 역할이 다름을 알 수 있다. 이는 단순한 위치의 차이가 아니라, 각 문화권에서 밥과 빵이 차지하는 중요성을 반영한다. 즉, 밥과 빵 모두 한 끼 식사의 필수적인 요소지만, 밥은 식사의 중심으로 기능하는 반면, 빵은 보조적인 역할이 강한 듯하다. 서양식에서는 식전 빵을 먹으며 입맛을 돋우는 반면, 한국에서는 다양한 요리를 먼저 즐긴 후 마지막에 밥을 포함한 식사로 마무리하는 차이가 있지 않은가?

따라서 '밥심'이라는 표현도 단순히 밥이 주는 에너지를 의미하는 것이 아니라, 밥이 우리 삶의 중심에 있다는 사실을 반영하는 개념이라 할 수 있다. 밥상에서 밥이 가장 중심에 놓이고 국과 반찬이 이를 보조하는 것처럼, 우리의 일상에서도 밥은 단순한 음식이 아니라 삶을 지탱

---

1) 황지예 (2024). "한국인은 밥심!"…기본에 충실한 농협중앙회 새 광고. AP 신문. Retrieved from https://www.apnews.kr/news/articleView.html?idxno=3026539

하는 필수적인 요소다. 특히, 힘든 일을 앞두고 "밥부터 먹자"라고 말하거나, 든든한 한 끼를 통해 기운을 차리는 모습은 밥이 단순한 영양 공급원이 아니라 정신적 원동력이기도 함을 보여준다. 이는 빵으로는 설명할 수 없는 밥만의 특별한 의미로, 한국인의 삶에서 밥이 단순한 음식이 아니라 생활과 정서의 중심이라는 점을 강조한다. 결국, '밥심'이란 단순한 칼로리가 아니라, 우리의 삶을 지탱하고, 공동체를 연결하며, 하루를 살아가는 힘을 상징하는 깊은 의미를 담고 있다.

밥은 한국인의 삶에서 신체적, 정서적, 사회적 차원 모두에서 중요한 역할을 하며, 인간다움의 본질을 드러내는 중심적인 매개체로 작용하고 있다. 이는 단순히 밥이라는 음식 자체가 아니라, 그 속에 담긴 인간적인 의미와 문화적 가치를 강조하는 한국인의 사고방식을 반영한다. 한국에서 '밥'은 인간의 가장 근본적인 생활에서부터 시작하여 인간의 정서와 심리, 인간이라는 존재의 상태와 가치, 인간이 마주하는 상황과 행하는 행위 등 전반적으로 인간의 삶을 구성하는 대다수의 요소들과 밀접한 연관을 맺고 있다(하경숙, 2022).

'밥심'이라는 한국적 표현과 더불어 "밥벌이하다", "밥줄이 끊기다", "남의 밥그릇 뺏지 마라" 등의 표현은 밥이 단순한 음식이 아니라 생계와 삶의 기반을 의미한다는 점을 보여준다. 이러한 개념은 서구권에서 쉽게 번역되기 어려운 한국만의 독특한 정서로, 빵을 주식으로 하는 문화권에서 '밥심'과 같은 의미를 지닌 단어나 표현을 찾기 어렵다. 결국, 한국인의 삶에서 밥은 단순한 음식이 아니라 정신적, 사회적 가치를 담고 있으며, '밥심'이라는 표현은 이러한 의미를 집약적으로 보여주는 특별한 개념이 아닐까?

무엇보다 오늘날 '밥심'은 꼭 밥을 먹어야 생기는 힘을 의미하는 것은 아니다. 밥은 단순한 음식이 아니라 상징적인 개념으로, 우리가 식사를 통해 얻는 힘과 에너지를 포괄하는 의미를 지닌다. 그래서 스파게티, 수제비, 칼국수 같은 음식을 먹고 나서도 "밥심으로 살아간다"라고 표현하는 것은 자연스럽다. 중요한 시험을 앞두고 친구들과 파스타를 먹으며 응원을 주고받거나, 동료들과 점심을 나누며 힘든 하루를 버틸 원동력을 얻는 것 역시 현대적 의미의 '밥심'이라 할 수 있다. 결국, '밥심'은 특정한 음식을 먹는 행위를 넘어, 함께하는 식사와 그 과정에서 형성되는 유대감이 만들어내는 힘을 뜻하는 개념으로, 이는 밥이 단순한 주식이 아니라 공동체적 가치를 상징하는 중요한 요소임을 보여준다.

'밥심'은 밥상의 의미와 연결된다. 밥상은 단순히 음식을 올려놓는 공간이 아니라, 가족과 친구, 동료가 모여 하루를 나누고 관계를 형성하는 장소이며, 삶을 지탱하는 상징적 역할을 한다. 즉, 무엇을 먹든 함께하는 식사 자체가 힘이 되고 위로가 되며, 이는 '밥심'이 단순한 영양 공급을 넘어 공동체적 유대와 정서적 안정의 원천이라는 점을 보여준다.

2 밥상공동체 문화

한국에서는 "밥 먹었니?", "언제 밥 한 끼 합시다"라는 인사가 단순히 안부를 묻는 것을 넘어 상대방의 안녕과 건강을 챙기는 의미를 담고 있다. 이러한 인사말은 화자의 진정성 여부를 떠나 인간관계에서 일정한 윤활유 역할을 하는 중요한 수행적 발화(performative utterance)로 기능한다(류웅재, 2015). 즉, 한국인에게 함께 밥을 먹는다는 것은 사람들

간 관계를 형성하고 유지하는 데 중요한 역할을 한다. 중요한 만남이나 협상을 앞두고 함께 식사를 하는 경우가 대표적인데, 이는 사회적 관계 형성에 있어 밥이 상대방과의 관계를 돈독히 하고, 신뢰를 쌓으며, 서로의 마음을 열 수 있는 매개체로 작용함을 알 수 있다.

전통적으로 한국의 음식문화는 건강을 기본적 가치로 삼고 형성되어왔으며, '밥상공동체'를 통해 정(情)을 나누는 것은 한국인의 정서를 형성하는 중요한 일부로 간주된다(정혜경, 2015). 명절이나 제사 등 가족이 모이는 자리에서 함께 음식을 나누는 것은 한국에서 매우 중요한 전통으로, 한 집에 함께 살면서 끼니를 같이하는 사람, '식구(食口)'는 이러한 전통을 가장 잘 나타내는 대표적 표현이다.

'식구(食口)'는 '먹을 식(食)'과 '입 구(口)'로 이루어져 있으며, '같이 밥을 먹는 사람'이라는 뜻이다. 원래는 혈연 중심의 가족 구성원을 지칭했지만, 한국 문화에서는 꼭 혈연관계가 아니더라도 함께 밥을 나누며 정서적 유대를 형성하는 사람들까지 포함한다. 예를 들어, 회사 동료, 공동체 구성원도 상황에 따라 '식구'로 여겨질 수 있다. 그래서 "한솥밥을 먹는다"는 것은 단순히 밥을 나누는 행위를 넘어, 운명과 생활을 공유하는 공동체적 관계를 의미한다.

'식구'와 '한솥밥을 먹는 사람' 모두, 생계를 함께 책임지고 서로를 돌보는 관계를 내포한다. 이는 단순한 동거나 공동체를 넘어, 서로에게 도의적 책임감을 느끼는 운명 공동체라고 간주된다. 밥, 특히 밥상을 중심으로 이루어진 특이한 공동체 의미는 우리가 새로운 사람을 만나고 헤어지는 모든 단계에서 이루어진다. 새로운 구성원이 생기면 밥을 같이 한 번 먹어야 제대로 인사를 나눈 것이 되며, 구성원을 떠나보낼 때도 마찬가지이다. 함께 밥을 먹지 못한 아쉬움이나 미안함은 누구나 한

번쯤 느껴본 경험일 것이다. 이는 도리를 다하지 못했다는 감정으로 이어지기도 한다.

물론 서구 문화에서도 새로운 구성원이 생기면 밥을 같이 먹으며 인사를 나누는 것이 좋은 관례로 남아있지만, 집단주의가 강한 문화에서 소속감의 표현으로 나누는 밥 한 끼의 느낌은 더 특별한 것 같다. 한국에서는 밥을 함께 먹는 것이 단순히 식사를 넘어 관계를 맺고 유지하는 중요한 수단으로 여겨지기 때문이다. 그래서 "밥 한 번 먹자"라는 말은 단순히 친목을 다지기 위한 약속의 의미를 넘어, 상대방에게 관심과 호의를 표현하는 일종의 사회적 신호로 받아들여진다.

이러한 문화적 배경을 이해하지 못한 외국인들이 한국에서 "밥 한 번 먹자"를 듣고 말 그대로 받아들여 실제로 약속이 잡히지 않으면 혼란스러워하거나 약속을 왜 안 지키는지 의아해하는 경우도 있다고 한다. 이는 밥을 함께 먹자는 표현이 한국에서는 반드시 구체적인 계획을 의미하는 것이 아니라, 관계의 발전 가능성을 열어 두는 관용적 표현으로 쓰이는 경우가 많기 때문이다.

즉 우리 문화는 밥상공동체에 기반을 두고 있다. 한국 사회에서 음식 공유는 단순히 영양 섭취를 넘어, 정(情)과 같은 정서적 가치를 형성하는 과정에서 중요한 역할을 한다(오세영, 2005). 특히, 함께 밥을 나누는 행위는 신뢰와 유대의 상징으로 자리 잡았으며, 이는 현대에 이르러서도 지속되고 있다. 식사를 공유하는 행위를 통해 가족 구성원들이 일상적인 대화를 나누고, 서로의 삶을 이해하며, 관계를 유지하는 중요한 수단으로 사용된다. 이런 관점에서 밥상은 단순한 물리적 공간을 넘어, 정서적 결속과 관계 형성을 위한 공간으로 작용한다.

3 밥상의 상징성

한국에서 밥상은 단순히 식사를 위한 도구나 공간을 넘어, 생존, 정서적 교류, 그리고 공동체의 결속을 상징하는 중요한 문화적, 사회적 의미를 담고 있다. 밥상은 가족과 공동체를 연결하는 중심축으로 작용하며, 한국인의 생활과 정서에 깊이 뿌리내린 상징적 요소이다.

한국 드라마나 영화에서 밥상은 감정적 갈등과 화해, 또는 가족 간의 유대를 표현하는 상징적 도구로 자주 사용된다. 드라마 〈응답하라 1988, 1997〉에는 밥 먹는 장면이 유독 많이 나온다. 성동일과 이일화 가족이 밥상머리에서 의견 충돌을 일으키는 장면[2]은 세대 간 차이와 부모의 고민을 보여준다. 밥상에서 벌어지는 갈등은 단순한 의견 차이를 넘어 가족 간의 애정을 내포한 갈등으로 발전하며, 드라마의 내용 전개에 중요한 부분을 차지한다.

주인공의 먹방으로 언급이 많이 되는 영화 〈황해〉의 밥상은 조금 다르다. 〈황해〉의 밥상은 가족 간의 유대나 화목보다는 생존 본능과 절박함을 상징적으로 드러낸다. 주인공 구남이 밥을 허겁지겁 먹는 장면은 그의 피폐한 삶과 생존을 위한 처절한 몸부림을 극적으로 보여준다.[3] 영화 〈황해〉에서 밥상은 단순히 음식을 먹는 공간이 아니라, 그가

2) 임도경 (2016). 임도경의 컬처토크 〈33〉 응답하라 1988 '응팔'에 열광하는 진짜 이유. 월간조선. Retrieved from https://monthly.chosun.com/client/news/viw.asp?nNewsNumb=201603100049

3) 이용재 (2020). 열렬하게 처절하게…김 · 컵라면 · 소시지 · 왕감자를 흡입하다. 조선일보. Retrieved from https://www.chosun.com/site/data/html_dir/2020/05/06/2020050604793.html?utm_source=naver&utm_medium=original&utm_campaign=news

처한 사회적 위치와 인간 본능을 드러내는 무대가 된다.

예를 들어, 구남이 음식을 거칠게 먹는 장면은 생존의 절박함을 강렬하게 표현하며, 이는 단순히 배고픔을 채우는 행위를 넘어, 끊임없이 싸우며 살아가야 하는 그의 삶을 은유적으로 드러낸다. 또한, 폭력적 현실 속에서 자신의 생존을 위해 다른 이들의 자원을 삼켜야 하는 야만적 현실을 상징적으로 담아낸다.

영화 〈기생충〉에서도 밥상은 계층 간 갈등과 긴장, 그리고 인물들의 내면을 드러내는 중요한 상징으로 활용된다. 박 사장네 부잣집에서의 식탁은 상류층의 풍요로움과 권력을 상징하며, 그 공간에서 이루어지는 대화와 행동은 주인과 하인의 관계를 은유적으로 보여준다. 반면, 기택 가족의 좁고 습한 반지하 방에서의 밥상은 생존을 위해 치열하게 노력하는 서민층의 현실과 연대감을 표현한다. 두 가족의 밥상은 그 자체로 서로 다른 계층의 삶을 대조적으로 묘사하며, 영화의 핵심 주제인 계급 간 갈등을 극적으로 드러낸다.

즉 한국문화에서 밥상은 따뜻한 가족애의 상징이기도 하고, 인간의 원초적인 본능, 계층적 불평등, 그리고 생존 경쟁의 잔혹함을 압축적으로 표현하기도 한다. 이러한 차이는 밥상이 단순히 음식을 먹는 공간을 넘어, 각기 다른 작품에서 다양한 의미를 전달하는 중요한 상징적 도구임을 잘 보여준다. 한국문화에서 밥상은 인간의 욕망과 갈등, 그리고 조화를 표현하고 담아내는 공간으로 영화나 드라마에 빠질 수 없는 장면이다. 밥 먹는 장면이 나오지 않는 한국 영화나 드라마가 있을까?

4 밥상머리 대화

오늘날 밥상 문화가 변화하고 있음에도 불구하고, 밥상의 상징성은 여전히 한국인의 정서와 사회적 관계의 핵심적인 부분을 차지하고 있다. '밥상머리 교육'이라는 표현은 밥상이 단순히 먹는 행위를 넘어선 교육과 생존의 장이 되었음을 보여준다. 밥상머리 교육은 한국 문화에서 가족 구성원이 밥상에서 함께 식사하며 자연스럽게 이루어지는 교육을 지칭한다. 식사시간에 한정되지 않고 가치관, 예의범절, 그리고 삶의 태도를 전달하는 철학적인 나눔의 시간이다.

먹방은 차려진 밥상 또는 밥상을 차리는 과정을 보여주며 진행된다. 밥상과 마찬가지로 먹방은 단순히 음식을 보여주는 것을 넘어서, 시청자들과의 정서적 교류가 이루어지는 공간으로 기능하고 있다. 먹방 진행자가 음식을 먹으며 이야기를 나누기도 하고 말없이 그냥 먹기만 하기도 한다. 특히 별 말없이 먹기만 하는 콘텐츠의 경우, 이는 한국의 전통 밥 문화 특성을 반영한다. 한국에서는 전통적으로 음식을 먹는 행위에 집중하며 조용히 식사하는 것이 음식을 존중하고 감사를 표현하는 태도로 여겨졌기 때문이다(전정원, n.d.).

먹방은 시청자에게 조용히 먹는 모습을 보여줌으로써 한국적인 정서를 전달하며, 동시에 현대의 디지털 시대에 맞는 독특한 위로와 몰입감을 제공한다. 서구 문화의 경우, 식사 시간은 단순한 음식 섭취를 넘어서 사회적 상호작용과 대화의 공간이다. 서구에서는 식사 중 대화가 가족 간의 유대를 강화하거나, 친구 및 동료와의 관계를 돈독히 하는 중요한 방식으로 여겨진다. 오늘날 우리 식사문화도 그렇게 변화되었다고 보여진다.

이제는 사라졌지만 우리 문화에서 전통적으로 "밥 먹을 때 말하지 말라"는 지침이 있어왔다. 음식이 귀하고 예의범절을 중시하던 시절에 음식을 먹는 동안 산만한 행동을 삼가고, 신체와 정신의 조화를 유지하라는 의미를 담고 있다. 한국 농업사회에서 음식은 노동과 자연의 결실로 여겨졌으며, 이를 소비하는 행위는 신성시되었다. 따라서 밥을 먹는 동안 이야기하지 않는 것은 음식을 소중히 여기고 그 가치를 인정하는 태도를 보여주는 것으로 받아들여졌다.

한국 전통 문화에서 식사는 단순한 생리적 행위가 아니라, 노동, 자연, 그리고 공동체의 결합을 상징하는 의식이다. 밥상에서의 침묵은 음식을 준비한 사람, 그리고 자연에 대한 감사의 표현으로 해석된다. 이는 유교 전통과 관련된다. 유교 사상에서는 음식을 먹는 시간은 단정하고 절제된 태도로 임해야 할 중요한 순간으로 여겨졌다. 한국의 유교적 식사 예절에 대해 음식을 먹는 것은 단순한 육체적 활동을 넘어, 정신적 수련과 예의범절의 실천으로 여겨졌다. 밥 먹을 때 침묵은 이러한 예절을 지키기 위한 중요한 수단이었다.

즉, 말없이 그냥 먹기만 하는 먹방 콘텐츠는 이런 한국의 전통 밥 문화 특성을 재현하고 있는 것이 아닐까? 먹는 행위 자체를 조용히 감상하는 것이 음식에 대한 몰입을 강조하는 새로운 형태의 디지털 문화로 자리 잡고 있는 것일 수도 있다. 음식의 가치를 인정하고 먹는 행위에 집중함으로써 단순한 생리적 행위를 넘어 하나의 의식적 경험으로 승화시키는 방식일 수도 있다. 이는 현대 사회에서 빠르게 소비되는 음식 문화와 대비되며 "밥 먹을 때 말하지 말라"는 전통적 규범이 현대적으로 변형되어, 먹방이라는 디지털 콘텐츠를 통해 다시금 주목받고 있는 것인지도 모른다.

먹방은 전통적으로 밥상머리가 수행했던 관계 형성의 기능을 디지털 방식으로 확장한 것이라 볼 수 있다. 현대 사회의 바쁜 일정과 가족 구조의 변화로 밥상머리 문화가 약화되었음에도 우리 사회는 무의식적으로 이를 디지털 공간에서 구현하고 있는 것이 아닐까? 본래 밥상머리가 중요한 대화와 결정을 나누는 공간이었음에 비해 디지털 공간 속에서 나누는 먹방의 밥상은 다른 방식과 내용으로 우리를 소통하게 만들고 있는 것인지도 모른다.

과거 전통적인 문화에서 한 상에서 식사를 하며 경험과 지혜를 전달하고 가족의 가치를 나누는 공간이 밥상이었다면 오늘날 자신이 구독하는 먹방 유튜버를 틀어놓고 댓글로 상호작용하는 형식은 현대인의 새로운 방식의 소속감과 연결감을 보여준다. 이는 전통적인 밥상의 역할을 디지털 공간에서 재구성한 형태로, 먹방 시청자들은 유튜버와의 가상 상호작용을 통해 공동체의 일원이라는 느낌을 얻고, 서로의 댓글을 통해 간접적인 대화를 나누며 관계성을 형성한다.

전통적인 밥상이 가족 내의 정서적 유대와 가치를 중심으로 한 관계 형성의 장이었다면, 디지털 먹방은 전 세계의 시청자들이 시간과 공간을 초월해 참여하는 확장된 관계의 장이라 할 수 있다. 이 공간에서 이루어지는 상호작용은 즉각적이고 개인화된 메시지 교환일 수도 있고, 공통된 경험을 공유하며 느끼는 동질감일 수도 있다. 특히, 먹방의 시청 경험은 개인이 느끼는 외로움이나 소속감의 결핍을 해소하는 데 기여하며, 디지털 기술이 만들어낸 새로운 형태의 관계 맺기 방식을 보여준다.

또한 때로는 밥상을 차려놓고 그냥 먹는 모습을 보며, 시청자들은 혼자 식사하는 외로움을 덜고 마치 누군가와 함께 밥을 먹는 듯한 심리적 안정감을 느낄 수 있다. 이는 단순히 음식을 소비하는 행위를 넘어, 디지털 환경 속에서 사회적 교류의 필요를 충족시키는 중요한 역할을 한다. 특히, 먹방 유튜버가 식사를 하며 시청자와 소통하는 방식은 친근하고 일상적인 분위기를 조성하며, 이러한 상호작용을 통해 시청자들은 자신이 특별히 고려되고 있다는 느낌을 받는다. 댓글로 서로 의견을 나누고, 추천받은 음식을 시도해 보거나, 개인의 경험을 공유하는 과정에서 디지털 커뮤니티가 형성되고 강화된다. 한 사례로 먹방 BJ '입짧은햇님'은 먹방을 진행하며 실시간으로 올라오는 채팅을 통해 시청자들과 대화를 나눈다.[4)]

결국, 먹방은 단순히 음식을 먹는 모습을 보여주는 콘텐츠가 아니라, 디지털 시대에 새로운 형태의 밥상머리 대화를 제공하는 문화적 현상이라 할 수 있다. 이는 현대 사회의 변화된 생활방식과 인간관계의 재구성을 반영하며, 사람들이 관계의 본질적 필요를 디지털 방식으로 재해석하고 충족시키는 방법을 보여준다.

과거 전통적인 대가족 문화에서 밥상이 세대 간의 연결을 의미했다면, 오늘날 먹방속의 밥상은 어딘가에 있는 누군가와 교감하고 연결되는 공간이며 이를 통해 삶을 공유하고 정서적 유대를 다진다는 면에서는 그 옛날의 밥상이 주는 의미와 일맥상통하는 것으로 보인다. 무엇보다 우리의 밥상머리 문화가 디지털 시대에 시공간적으로는 오히려 확장되고 있는 것으로 보인다. 밥상머리 대화를 통한 교감이 먹방이라는 형식으로 이어지면서 21세기 현대인이 살아가는 방식 속에 녹아들어 다양

4) 입짧은햇님 (2017). 입짧은 햇님의 먹방!mukbang(채팅)(육개장, 갈비찜, 보쌈, 떡만두국, 천혜향 170216). [YouTube 동영상]. Retrieved from https://youtu.be/QYeN8BQxTpw?si=R33Mia142yP-YT0r

한 유형과 내용으로 표현되고 있는 것이다. K-culture에 대한 관심과 열정이 어느 때보다 높은 오늘날, 가장 한국적인 대화와 소통 방식이 세계적으로 전파되고 있는 문화 현상의 하나가 아닐까 한다.

PART 2

먹방과 한국 음식 방송

CHAPTER 3

한국 음식 방송 콘텐츠

CHAPTER 4

온라인 먹방 콘텐츠

CHAPTER 3

한국 음식 방송 콘텐츠

1 한국, 푸드 전문 채널이 없는 나라

음식은 모든 문화권에서 인간 생활의 중심이자, 그 사회의 문화적, 역사적 특징을 가장 잘 드러내는 요소 중 하나이다. 이러한 이유로 전 세계적으로 음식을 주제로 한 텔레비전 채널들이 생겨났으며, 이는 각국의 독특한 음식 문화를 전 세계와 공유하는 중요한 매개체가 되고 있다.

미국의 Food Network[1)]는 푸드 채널의 선두주자라고 할 수 있다. 1993년에 설립된 이 채널은 셰프의 요리 시연, 요리 대결, 그리고 음식과 관련된 여행 프로그램 등 다양한 콘텐츠를 제공하며 전 세계적으로 큰 인기를 끌었다. 영국에서도 음식 전문 채널이 두드러진다. Food Network UK는 미국 Food Network의 영국 버전으로, 다양한 요리 쇼를 통해 영국 및 유럽 요리의 매력을 소개한다. 또한, BBC Good Food[2)]

1) Food Network (2006). [YouTube 동영상]. Retrieved from https://youtube.com/@foodnetwork?si=miL8i9MBFL_4hgDl

는 전통적인 영국 요리법뿐만 아니라 현대적인 요리 트렌드를 반영한 콘텐츠로 영국인의 입맛과 생활 방식을 대변한다. 이 외에도 Channel 4의 'Great British Menu'는 영국 요리의 전통과 현대적 감각을 조화롭게 보여주는 대표적인 프로그램이다.

호주는 다문화 국가답게 음식 전문 채널에서도 그 다양성이 잘 드러난다. SBS Food[3]는 세계 각국의 요리를 소개하며 호주의 다양한 이민자 사회가 형성한 음식 문화를 조명한다. 이 채널은 단순히 요리를 보여주는 것을 넘어 음식이 가진 문화적 맥락을 탐구하며, 이를 통해 호주 사회의 정체성을 반영한다. 또한, Lifestyle Food는 고급 요리와 일상 요리를 모두 아우르며, 다양한 취향과 요리 스타일을 가진 시청자들을 만족시키고 있다.

정리하면, 전 세계적으로 푸드 채널은 단순한 엔터테인먼트를 넘어선 문화적 플랫폼으로 자리 잡았다. 미국의 Food Network, 영국의 BBC Good Food와 Food Network UK, 호주의 SBS Food와 Lifestyle Food 등은 각각의 사회에서 음식이 가진 의미를 반영하며, 음식을 매개체로 소통하는 전문 채널이다.

그러면 우리의 상황은 어떠한가? 한국에서도 푸드 전문 채널을 만들려는 시도는 있었다. 2000년 채널 F로 개국한 이후, 2022년에 푸드 채널로 재출범했으나, 이후 여성 라이프스타일 채널을 표방하며 올리브 채널로 변화를 시도했다. 하지만 여러 변화를 겪은 끝에 2022년 결국 폐국하게 된다. 미국, 호주, 영국과 비교해 우리나라에는 푸드 전문 채

2) Good Food (2006). [YouTube 동영상]. Retrieved from https://youtube.com/@goodfood?si=CMhe7KnVt3vK60K6

3) SBS On Demand (2006). [YouTube 동영상]. Retrieved from https://youtube.com/@sbsondemand?si=tTHKIwMhE-HT3y3o

널이 없는 것이다.

이러한 실패의 배경에는 다양한 요인이 있을 수 있지만, 가장 큰 이유 중 하나는 한국의 방송 환경 자체가 이미 푸드 콘텐츠로 넘쳐났기 때문일 것이다. 쉽게 말해, 푸드 전문 채널이 필요 없을 만큼 거의 모든 채널에서 먹방(먹는 방송)과 쿡방(요리 방송)이 인기를 끌었고, 채널을 돌릴 때마다 음식과 관련된 프로그램을 쉽게 접할 수 있다. 이는 단순히 특정 층만이 아니라 전 국민이 음식에 관심을 가지고 관련 프로그램을 즐겨 시청하기 때문에, 별도의 푸드 전문 채널이 자리 잡기 어려운 구조를 만들어냈다.

이와 달리, 외국의 푸드 채널은 특정 시청층을 겨냥하여 세분화된 콘텐츠를 제공하는 데 주력한다. 예를 들어, 미국의 Food Network는 요리 애호가들 사이에서 필수적인 채널로 자리 잡았고, 영국과 호주의 푸드 채널들도 각 지역의 음식 문화를 심도 있게 다룬다. 그러나 한국에서는 모든 세대가 음식을 매개로 한 방송을 즐기며, 이미 다른 장르의 방송에서 음식 관련 콘텐츠가 주요 소재로 활용되면서 전문 채널의 필요성을 희석시킨 것이다.

한국에 푸드 전문 채널이 없다는 점은 오히려 대다수 한국인이 음식을 매개로 한 방송을 얼마나 즐기는지, 이와 관련하여 다양한 음식 프로그램이 생산되고 있다는 것을 잘 드러낸다. 특히 우리 문화를 소개하며 외국인과의 소통에 있어서도 중요한 역할을 담당하고 있다. 한국 사회가 다양화 되어감에 따라 방송에서 외국인 비중이 늘고, 그들의 시각에서 한국 음식을 탐색하는 프로그램도 인기를 얻고 있다. 예를 들어, 〈어서 와~ 한국은 처음이지?〉 같은 프로그램은 외국인이 한국의 다양한 음식을 직접 경험하고 소개하는 모습을 담아 시청자의 공감을 이끌어낸다. 또한 〈윤식당〉, 〈스페인 하숙〉, 〈서진이네〉 등은 해외 현지에 한식당을 열고, 외국인들에게 한국 음식을 소개하며 큰 호응을 얻었다. 즉 외국인이 한국 음식을 소개하거나, 외국인에게 한국음식을 소개하는 다양한 포맷의 음식 프로그램들이 늘고 있으며, 이는 음식을 매개로 한 한국 방송의 특성을 잘 보여준다.

결국, 이러한 현상은 한국의 음식 문화가 얼마나 강력한 영향력을 가지고 있는지를 반영한다고 볼 수 있다. 푸드 전문 채널 없이도 우리는 일상적으로 먹는 것을 중심으로 한 대화를 나누고, 방송에서도 자연스럽게 이를 소비한다. 이러한 특징은 음식이 단순히 생존을 위한 수단이 아닌, 우리 문화와 정서를 공유하는 핵심적인 매개체임을 보여준다. 한국 푸드 채널의 부재는 오히려 음식에 대한 깊은 관심과 높은 수요가 방송 전반에 걸쳐 통합적으로 반영된 결과로 해석될 수 있다. 이는 우리가 음식으로 소통하는 데 얼마나 익숙하며, 이를 통해 하나의 문화적 자산이 형성되고 있음을 보여준다.

2 한국의 음식 방송과 먹방

우리나라에서 음식 방송은 오랜 역사를 지니고 있다. 1980년대부터 요리 전문가가 조리법을 시청자에게 소개하는 토크 형식의 교양 프로그램이 방영되었고, 〈표 3-1〉과 〈표 3-2〉에서 보이듯이 1990~2008년까지 다양한 음식 프로그램이 방송되었다. 특히 2008년 이후 음식이나 먹는 것이 프로그램의 중심이 되는 먹방이나 쿡방이 많이 제작되었다(홍석

표 3-1 **1990년~2008년 사이의 음식 관련 프로그램**

방송사	프로그램명	방영시기
KBS	6시 내고향	1991.5.20.~현재
	VJ특공대	200.5.5.~현재
	냉장고를 열어라	2001.11.5.~2002.7.5.
	생방송 세상의 아침	2002.2~2009.10.17.
	생방송 KBS 저널	2002.11.3.~2005.5.1.
	무한지대 큐	2004.~11.2.~2010.5.6.
	행복한 밥상	2004.11.6.~2005.10.29.
MBC	생방송 화제집중	1998.1.18.~2008.11.14.
	찾아라 맛있는 TV	2001~현재
	요리보고 세계보고	2002.10.12.~2006.6.17.
	공감 특별한 세상	2005.4.24.~현재
SBS	출발! 모닝와이드	1995~현재
	리얼코리아 그곳에 가면	1997~2009
	잘 먹고 잘 사는 법	2002.1.11.~현재
	생방송 투데이	2003.5.12.~현재
	결정 맛대맛	2003.5.13.~2007.11.28.
	생활의 달인	2005.4.25.~현재
	웰빙! 맛나냥	2005.8.29.~2007.6.22.
EBS	최고의 요리비결	2002.3.1.~현재

출처: 박신자(2013). 《TV음식프로그램의 포맷과 서사성의 의미구조: KBS 〈한국인의 밥상〉에 대한 기호학적 분석을 중심으로》. 성균관대학교 대학원 석사학위논문, 11쪽에서 인용. '지상파 4개 채널 음식·맛집소개 관련 프로그램들' 표를 수정한 내용임.

경·박소정, 2016).

2008년 이후 먹방 프로그램이 많이 제작되면서, 먹방이 예능이나 드라마 장르와 결합하며 진화를 한다. 예를 들어, 육아 예능 프로그램인 MBC 〈아빠 어디가〉는 윤민수의 아들 윤후의 남다른 식욕이 화제가 되었고, '짜파구리'와 같은 음식이 주목받으며 상업적 성공으로 이어졌다. 이 외에도 KBS 〈슈퍼맨이 돌아왔다〉는 어린이들의 자연스러운 식사 장면을 주요 콘텐츠로 활용하여 가족 친화적인 먹방의 형태를 선보였다. 드라마

표 3-2 2008년 이후 방영된 TV 음식 프로그램

방송사		프로그램명	방송시기
지상파	KBS	리빙쇼 당신의 여섯시	2009.4.20.~2011.11.3.
		생방송 오늘	2009.10.19.~2011.5.28.
		한식탐험대	2010.1.7.~2010.12.17.
		생생정보통	2010.10.5.~2014.12.31.
		굿모닝 대한민국	2011.5.30.~2014.12.31.
		한국인의 밥상	2011.1.6.~현재
		해피투게더-야간매점	2012.6.28.~현재
		오감만족 세상은 맛있다	2012.9.24.~2013.5.10
	MBC	그린실버 고향이 좋다	2009.2.1.~현재
		요리인류 키친	2015.4.6.~2015.7.3.
		마이 리틀 텔레비전	2015.4.25.~현재
	SBS	대한민국 쿡	2009.2.20.~2009.9.7.
		쿡킹 코리아	2014.10.31.~2015.1.23
	EBS	천년의 밥상	2011.2.28.~현재
		요리비전	2009.2.23.~2011.2.5.
		장수가족 건강의 비밀	2012.8.28.~2013.8.20.
종편	JTBC	미각 스캔들	2012.3.4.~2013.2.23.
		집밥의 여왕	2013.11.6.~2014.11.16.
		냉장고를 부탁해	2014.11.17.~현재
		신인류 식품관	2015.4.11.~현재
	채널A	먹거리 X파일	2012.1.10.~현재
	TV조선	수상한 식탁	2012.7.22.~2012.7.29.
		백년식당	2015.6.7.~현재
	MBN	로드다큐 맛있는 여행	2012.3.16.~2013.10.19.
케이블	tvN	식샤를 합시다1	2013.11.28.~2014.3.13.
		삼시세끼	2014.10.17.~현재
		수요미식회	2015.1.21.~현재
		식샤를 합시다2	2015.4.6.~2015.6.2.
		집밥 백선생	2015.5.19.~현재

출처: 박신자(2013). 《TV음식프로그램의 포맷과 서사성의 의미구조: KBS 〈한국인의 밥상〉에 대한 기호학적 분석을 중심으로》. 성균관대학교 대학원 석사학위논문, 11쪽에서 인용. '지상파 4개 채널 음식·맛집소개 관련 프로그램들' 표를 수정한 내용임.

에서도 음식은 중요한 소재로 자리 잡았다. tvN 〈식샤를 합시다〉는 1인 가구의 식문화를 다루며 다양한 음식을 생동감 있게 보여주며 인기를 끌었다. 이러한 드라마들은 단순히 음식을 먹는 장면을 넘어서 음식이 현대인의 삶에서 가지는 정서적 가치와 공동체 의식을 재조명했다.

이후 먹방이 음식 프로그램을 넘어서서 예능이나 드라마와 결합하면서 먹방의 주류화가 시작된다. 2015년 JTBC의 〈냉장고를 부탁해〉는 '쿡방'과 '먹방'을 결합하고 게임의 요소까지 추가하며 주목을 받았다. 2016년에는 CNN이 먹방을 '사회적 식사법'으로 소개하며 글로벌 확산이 알려진다(김병규, 2016).

해당 CNN 기사 헤드라인[4]에서는 mukbang을 동사로 사용한다. 먹방을 널리 알려진 문화현상으로 인정하고 있는 것이다. 예를 들어, 구글이 검색엔진의 기본이 됨에 따라 "Do you google?"이라는 표현이 보편화된 것처럼, "Do you mukbang?"이라는 문구는 먹방을 하나의 행위로 일반화하여 묻는 표현이다. 이는 특정한 문화적 현상이 대중화되면서 언어적으로도 확장되는 과정의 한 예시로 볼 수 있다.

이는 'Xerox'라는 브랜드명이 문서를 복사하는 동사로 사용되는 것과 같은 맥락이다. 또 다른 예는 '포스트잇'으로 본래 3M의 브랜드명이지만, 지금은 접착 메모지를 통칭하는 말로 사용되고 있다. Do you mukbang?이라는 CNN 뉴스기사의 표현은 '먹방'이라는 개념이 단순한 방송 포맷에서 벗어나, 음식을 먹으며 소통하는 하나의 문화현상으로 자리잡았다는 점을 보여준다.

2020년, 먹방은 코로나19 팬데믹과 함께 새로운 전환점을 맞이했

4) 김병규. (2016). 세계로 퍼지는 '먹방'…美CNN, 건강식 먹방 열풍 소개. 연합뉴스. Retrieved from https://www.yna.co.kr/view/AKR20161021142400009

다. 외출과 여가 활동의 제약으로 일상생활이 크게 변화했고, 유튜브와 OTT 플랫폼의 이용률이 급증했다. 이러한 변화 속에서 먹방은 전례 없는 인기를 얻게 된다. 이때 '먹방(Mukbang)'과 함께 '한류', 'K-드라마', '반찬', '잡채', '김밥' 등의 한식 관련 단어가 해외 사전에 대거 등재되었다(안소현 · 황조혜, 2024).

K-culture의 세계화와 함께, 한국 드라마와 예능에서 다채로운 먹방 장면이 소개되고, 글로벌 팬덤을 보유한 한국 아이돌들이 다양한 플랫폼에서 먹방 라이브를 선보이는 등 한국의 대중문화가 먹방 콘텐츠를 지속적으로 확산시켰다. 또한, 개성 있는 먹방을 선보이는 전문 BJ(Broadcasting Jockey)와 크리에이터들이 차별화된 콘텐츠로 스타덤에 오르면서 해외 시청자들이 한국 먹방의 핵심 소비자로 자리잡게 되었다(조은하, 2020).

최근 넷플릭스에서 큰 인기를 끌었던 〈흑백요리사: 요리 계급 전쟁〉은 요리 서바이벌 프로그램으로, 기존의 쿡방(요리 방송) 형식을 새롭게 재해석한 작품이다. 〈흑백요리사〉는 전통적인 쿡방의 요소인 요리 과정과 결과물을 보여주는 것에 그치지 않고, 서바이벌 형식을 도입하여 경쟁과 드라마틱한 요소를 강화했다. 한국을 비롯해 홍콩, 싱가포르, 대만 등 4개국에서 1위를 기록하며, 총 18개국에서 TOP 10에 오르는 성과를 거두었다.

〈흑백요리사〉의 성공은 최근 K-콘텐츠의 글로벌 인기에 힘입은 결과로 볼 수 있다. 〈오징어 게임〉, 〈피지컬: 100〉 등 한국에서 제작된 서바이벌 형식의 프로그램들이 연이어 흥행하면서, K-콘텐츠의 경쟁력이 세계적으로 입증된 것이다. 이러한 흐름 속에서 〈흑백요리사〉는 요리라는 보편적인 주제를 서바이벌 형식과 결합하여 새로운 재미를 선사하며, K-콘텐츠의 다양성과 창의성을 다시 한 번 보여주었다. 무엇보다 한국의 먹는 방송에 대한 오랜 노하우와 창의적인 접근 방식이 잘 발현된 결과물로 보인다.

3 한국 음식 방송의 특성

한국의 TV 방송은 오래전부터 먹방(먹는 방송)과 쿡방(요리 방송)을 중심으로 시청자들의 관심을 끌어왔다. 이는 한국의 음식 중심 문화를 반영하며, 단순히 음식을 조리하거나 먹는 모습을 보여주는 것을 넘어, 사람들 사이의 관계와 소통, 그리고 정서적 교류를 강화하는 중요한 매체 역할을 했다. 먹방은 한국인의 삶과 관계의 중심에 있는 '먹는 것'에 대한 문화적 중요성을 반영하며, 동시에 현대 사회에서 정서적 위로와 만족을 제공하는 독특한 콘텐츠로 자리 잡았다. 이를 통해 먹방은 한국 사회에서 '먹는 것'이 가진 심층적인 문화적 의미를 새로운 방식으로 표현하고 있다고 볼 수 있다.

온라인 먹방이 2012년 즈음 시작되면서 한국의 TV 먹방도 기존 요리 프로그램에 먹방적 요소가 도입되기 시작했다. 이후 2013~2015년 먹방을 주요 포맷으로 하는 독립적인 예능 프로그램들이 등장했고, 2016년 이후에는 여행, 토크쇼 등 다양한 장르와 결합한 하이브리드형 먹방 프로그램들이 제작되며 장르적 확장을 이루었다.

이러한 변화는 단순한 포맷의 전환을 넘어, 음식이 미디어 콘텐츠의 중심에 위치하며 대중문화와 긴밀히 연결되며 확장되고 있음을 보여준다. 먹방의 등장은 전통 미디어가 대중과 소통하는 방식에 새로운 가능성을 제시하며, 음식 콘텐츠를 더욱 다채롭게 발전시키는 계기가 되었다. 무엇보다 한국에서 먹방의 탄생과 인기는 단순히 흥미로운 콘텐츠를 넘어 한국 사회의 '먹는 것' 중심 문화를 강하게 반영하며 성장해 왔다.

밥상공동체를 통한 정의 나눔은 한국인의 정서를 형성하는 중요한 부분이다. 특히 일일드라마나 주말연속극 같은 가족 드라마에서는 온 가족이 밥상에 둘러앉아 식사를 하는 장면에서 가족 간의 대화나 갈등을 통해 중요한 서사가 전개된다. 한 식탁에서의 식사 장면은 '식구(食口)'의 가치를 보여주며, 가족 드라마가 지향하는 가치를 가장 분명하고도 일상적으로 재현한다(홍석경·박소정, 2016).

실제로 한국 드라마에 밥 먹는 장면이 안 나오는 경우는 거의 없다. 이는 단순한 식사 장면의 반복이 아니라, 공동체 내에서의 관계 형성, 갈등 조정, 정서 교류가 이루어지는 중요한 문화적 장치이기 때문이다. 드라마 속 인물들은 밥상 앞에서 속마음을 털어놓거나 숨겨왔던 갈등을 표출하고, 때로는 화해의 계기를 마련하기도 한다. 이러한 장면들은 한국 사회에서 밥상이 단순한 식사의 공간을 넘어, 정서적 유대와 공동체 의식을 확인하는 중요한 매개임을 보여준다.

밥상공동체를 통한 정의 나눔을 바탕으로 스토리텔링과 감성적 요소를 강조하는 것은 한국 음식 방송의 특징이다. 단순한 조리법 전달이 아니라 음식에 얽힌 이야기와 정서를 강조한다. 〈백종원의 골목식당〉의 경우 가게 주인의 사연을 중심으로 음식을 개선하는 과정을 보여주며 공감을 얻었다. 실패를 경험한 사장님들의 절박함, 희망을 되찾는 과정 속에서 정의 나눔이 이루어진다.

장수 프로그램인 〈한국인의 밥상〉의 경우 배우 최불암이 한국 각 지역의 전통 음식과 그 속에 담긴 이야기를 다루면서 단순한 요리법 소개가 아니라, 음식이 만들어지는 과정과 그 음식을 먹는 사람들의 삶을 조명한다. 가족과 공동체의 소중함을 강조하는 내레이션이 한국 사회 밥상공동체의 정수를 보여준다고 할 수 있다.

최근 전세계적으로 주목을 받은 〈흑백요리사〉도 한국 음식 프로그램의 특성을 잘 드러내고 있다. 단순한 요리 경연이 아니라 참가자들의 개인적인 서사와 음식에 담긴 감정이 더해지면서 시청자들은 단순한 맛 평가를 넘어 감동과 공감을 느낄 수 있다. 특히, 요리 과정에서 드러나는 도전과 갈등, 그리고 이를 극복하는 순간들이 프로그램의 몰입도를 높인다. 또한, 흑과 백이라는 독특한 콘셉트가 단순한 색상의 대결이 아니라 다양한 가치와 철학이 충돌하고 융합되는 장으로 작용하며 신선함을 더한다.

해외에서 널리 알려진 〈아이언 셰프(Iron Chef)〉는 〈흑백요리사〉와 같은 요리 경연 프로그램이지만 포맷과 접근 방식에서 뚜렷이 차이가 난다. 〈아이언 셰프〉는 경쟁 구도를 중심으로 진행되며, 도전자와 '아이언 셰프'가 주어진 비밀 재료로 요리 대결을 펼친다. 심사 기준은 주로 기술적 완성도, 창의성, 프레젠테이션에 집중되며, 긴장감 넘치는 전개와 빠른 진행이 특징이다. 반면, 〈흑백요리사〉는 단순한 요리 경연이 아니라 '흑과 백'이라는 개념을 중심으로 참가자들의 철학과 감성을 담아낸 요리를 선보이는 데 초점을 맞춘다. 경쟁보다는 요리를 통해 자신의 이야기를 표현하는 과정이 강조되며, 감성적이고 서정적인 연출이 프로그램의 몰입도를 높인다.

연출 방식에서도 두 프로그램은 차이를 보인다. 〈아이언 셰프〉[5)]는 스포츠 경기처럼 긴장감을 조성하며, 셰프들의 도전적이고 공격적인 태도를 강조한다. 반면, 〈흑백요리사〉는 감성적인 내레이션과 따뜻한 분위기로 참가자들의 개인적인 서사와 요리에 담긴 감정을 부각한다. 〈아이언 셰프〉가 최고의 요리사를 가리는 요리대결이라면, 〈흑백요리사〉는 그 과정 속에서 감성을 나누고 공감을 이끌어내는 스토리텔링이 중심이다.

〈흑백요리사〉의 미국인 참가자 에드워드 리는 "저는 한국 이름도 있어요"라고 말하며 문화적 정체성, 이민자로서의 경험, 그리고 자기 발견의 과정을 표현하기도 한다.[6] 음식을 매개로 자신의 인생 이야기와 감정을 담아내며 에드워드 리라는 영어 이름으로 살아왔지만 한국의 발효음식을 미국 남부 요리와 접목하는 등 문화적 정체성을 바탕으로 요리를 해왔음을 전달했다.

〈흑백요리사〉 최종 경연에서 2등이 된 에드워드 리가 많은 호응과 인기를 얻고 있는 이유도 경연 과정 속에서 보여준 서사와 감성적 요소 때문인 것으로 보인다. 그의 요리는 단순한 기술적 완성도를 넘어, 개인적인 경험과 철학이 담긴 작품으로 평가되었다. 특히, 가족의 추억이나 문화적 배경을 반영한 요리는 정체성과 음식의 관계를 주목하게 했다. 정체성이 담긴 밥상, 그가 누구인지를 살펴보게 한 요리에 많은 사람들이 공감을 하지 않았을까 한다. 한국인에게 밥이 단순한 음식이 아니라 감정을 나누고 기억을 불러일으키는 매개체임을 잘 보여준 사례이다.

---

5) Netflix (2022). Iron Chef: Quest for an Iron Legend | Official Trailer | Netflix. [YouTube 동영상]. Retrieved from https://youtu.be/9RJf3l8QXWs?si=aMZM_Mgo-Lp7Jlln

6) Netflix Korea 넷플릭스 코리아 (2024). 대장정의 피날레, '이균'과 '권성준'의 이름을 건 요리 | 흑백요리사: 요리 계급 전쟁 | 넷플릭스. [YouTube 동영상]. Retrieved from https://youtu.be/1wH1FLOE0nM?si=G21228mN2iYPrPQL

CHAPTER 4

온라인 먹방 콘텐츠

1 온라인 먹방과 밥상머리 대화

온라인 먹방은 기존 TV 먹방, 쿡방의 대중성을 기반으로 하면서, 개인화된 콘텐츠와 실시간 소통을 특징으로 한다. 크리에이터들은 스튜디오 촬영이 아닌 집, 소규모 공간, 또는 간단한 장비만으로도 먹방 콘텐츠를 제작할 수 있고, TV와 달리 제작의 진입 장벽이 낮아 누구나 참여할 수 있는 환경을 제공했다. 기존 TV 프로그램의 먹는 방송이 유명인이나 전문인 위주로 구성되어 왔다면 온라인 먹방은 우리 주변에서 흔히 볼 수 있는 일반인들의 밥상 이야기로 구성되는 경우가 많은 이유이다.

무엇보다 온라인 먹방은 기존 TV 프로그램에서 잘 볼 수 없었던 친밀한 소통과 개인적인 매력을 강조한다. 크리에이터들은 시청자와 직접 소통하며, 댓글이나 라이브 채팅을 통해 실시간으로 교류한다. 이로 인해 시청자들은 단순히 화면을 보는 데 그치지 않고, 콘텐츠 제작에 참여한다는 느낌을 받는다. 이러한 쌍방향 소통은 기존 TV 먹방에서는 경험할 수 없었던 색다른 매력이다. 한국의 전통적인 밥상머리 대화가 디지털 공간 속에서 온라인 먹방을 통해 가능하게 된 것이다.

크리에이터들은 자신만의 독특한 스타일로 콘텐츠를 제작하고 밥상머리 대화를 이끌어낸다. 배경과 형식도 다양하다. 자연 속에서 장작불과 가마솥을 이용해 전통 음식을 만들어 먹는 모습이 등장하기도 하고, 일상의 흔하고 소박한 풍경을 담아내는 경우도 있다. 가족 구성원이 소파 앞에 앉아 밥상을 차리고 이야기를 나누는 모습도 있고 얼굴은 보이지 않고 음식의 시각적, 청각적 효과에 초점을 둔 먹방도 있다. 온라인 먹방은 특별한 배경에서부터 평범한 일상까지 다양한 형식과 배경 속에서 펼쳐지며 크리에이터의 개인적인 매력이 강조된다.

특히 온라인 먹방은 국경을 넘어 전 세계에서 쉽게 접근 가능하다. 이는 한국 먹방 콘텐츠가 세계적인 트렌드로 자리 잡는 데 크게 기여했다. 'Mukbang'이라는 단어 자체가 전 세계에서 통용되는 새로운 문화적 현상이 된 것은 이를 잘 보여준다. 한국 먹방의 독창적인 요소인 음식 섭취 과정과 감정 표현은 시청자들에게 높은 몰입감을 선사하며, 다양한 국적의 사람들이 언어와 문화를 초월해 공감할 수 있는 콘텐츠로 확장되고 있다.

불닭볶음면 먹기와 같은 콘텐츠는 글로벌 먹방 트렌드의 대표적인 예로 꼽힌다. 매운 맛으로 유명한 불닭볶음면은 한국을 넘어 다양한 국가에서 도전 콘텐츠로 자리 잡았다. 먹방 유튜버들이 불닭볶음면을 먹으며 반응하는 영상은 시청자들에게 재미와 공감을 제공하며, '불닭 챌린지'라는 이름으로 세계적인 유행을 낳았다. 영국,[1] 미국,[2] 파키스

1) 영국남사 Korean Englishman (2022). 영국 축구선수들에게 불닭볶음면을 줘봤

탄,[3] 캐나다[4] 등 세계 각국에서 불닭 챌린지를 진행했다. 먹방을 통해 음식이 문화적 연결고리로 작용할 수 있음이 잘 드러난 사례이다.

온라인 먹방은 기존 TV 먹방, 쿡방의 강력한 대체재가 될 뿐만 아니라, 이를 확장하는 역할을 한다. TV에서 다뤄지던 음식 콘텐츠가 대중적이고 구조화된 형태였다면, 유튜브 먹방은 더 개인적이고 다채로운 콘텐츠로 시청자층을 확대한다. 특히, 전 세계 사람들이 한국의 먹방 콘텐츠를 쉽게 접할 수 있게 함으로써 한국 음식 문화의 글로벌화를 촉진하는 데 기여하고 있다. 이는 한국의 음식 문화가 디지털 시대에 맞춰 진화하고 있음을 보여주는 대표적인 사례이며, 먹방이 단순한 영상 콘텐츠를 넘어 하나의 문화적 상징으로 자리 잡고 있음을 잘 드러낸다.

특히, 온라인 먹방은 '밥상머리 대화'와 '밥상 공동체'라는 전통적 개념을 디지털 공간에서 재현하고 있다. 과거 밥상머리가 가족과 공동체의 소통 중심지였다면, 온라인 먹방은 유튜브 댓글, 라이브 채팅, 그리고 구독자와의 상호작용을 통해 새로운 형태의 대화와 관계를 형성한다. 취향과 상황에 따라 다양한 먹방을 구독하고, 이를 통해 독특한 밥상공동체가 만들어진다. 디지털 공간속에서 다양한 형태의 밥상공동체가 재현되고 확장되며 현대적 기술과 결합해 새로운 문화적 의미를 만

더니…? [YouTube video]. Retrieved from https://youtu.be/WpZ3UVY0LFk?si=3-e-EvoOgZPDxGTh

2) Matt Stonie (2019). Most Korean Fire Noodles Ever Eaten (x15 Packs) | 불닭 볶음면 도전. [YouTube video]. Retrieved from https://youtu.be/-sjI6xECTYo?si=_o6uBCOvjQlL1i4z

3) Saqlain Ali (2025). Spicy Noodles Challenge. [YouTube video]. Retrieved from https://youtu.be/Z2-REkEtUzo?si=MoGmy7nzY42XXI9p

4) Veronica Wang (2019). NEW LIMITED EDITION NUCLEAR FIRE NOODLE CHALLENGE / RACE 한정판 MUKBANG 미니 핵불닭볶음면 먹방. [YouTube video]. Retrieved from https://youtu.be/pWx4wvKtFVs?feature=shared

들어내고 있다. 이는 단순히 콘텐츠 소비를 넘어 사람들 사이의 정서적 유대를 강화하고 공동체의 소속감을 디지털 시대에 맞게 재정의하는 사례로 볼 수 있다.

실시간 먹방에서는 시청자들이 채팅을 통해 적극적으로 참여하며, BJ는 이에 실시간으로 반응한다. 시청자들은 음식의 맛과 질감에 대한 더 자세한 설명을 요구하거나 다음 방송에서 먹었으면 하는 음식을 제안하는 등 실질적인 영향력을 행사하며 방송의 공동 제작자 역할을 하기도 한다. 이러한 실시간 상호작용은 시청자들의 몰입도를 높이고, 공동체 의식을 형성하는 데 기여한다(Choe, 2019).

비실시간 먹방에서도 밥상머리를 통한 상호작용이 이루어진다. Hong과 Park(2018)은 유튜브나 아프리카TV VOD와 같은 플랫폼에서 이루어지는 댓글과 '좋아요' 등의 활동이 새로운 형태의 커뮤니티를 형성한다고 분석했다. 최근에는 많은 시청자들이 실제 식사 시간에 먹방을 시청하며, 일부 유튜버들은 이러한 시청 패턴에 맞춰 식사 시간대에 맞춰 영상을 업로드하고 이를 '밥 친구'로 부르며 새로운 문화로 발전시키고 있다. Spence et al.(2019)은 이러한 먹방의 상호작용이 "디지털 공간에서의 사회적 식사(digital commensality)" 경험을 제공한다고 설명한다.

즉 먹방은 밥상머리 대화의 디지털화이다. 전통적으로 밥상머리에서 이루어졌던 일상적 대화와 정서적 유대가 먹방이라는 콘텐츠 속에서 이루어지고 있다. 시청자들은 먹방 크리에이터와 직·간접적으로 대화하며, 서로의 경험과 감정을 공유한다. 전통적인 밥상머리 대화는 가족이나 친밀한 사람들이 한자리에 모여 직접 얼굴을 마주하며 나누는 상호작용 중심의 대화인 반면, 먹방을 통한 밥상머리 대화는 댓글, 채팅을 통해 이루어진다. 또한, 전통적인 밥상머리 대화는 주로 가족 간의 일상 공유와 정서적 교감을 중심으로 하지만, 먹방에서는 다양한 시청자들이 그들이 선택한 밥상에 모여 보다 개방적인 방식으로 유대감을 형성한다.

먹방은 우리 문화에 깊은 뿌리를 두고 있는 밥상 공동체의 확장이다. 전통적인 밥상 공동체가 한 공간에 모여 직접적인 상호작용을 기반으로 했다면, 먹방은 디지털 기술을 통해 시공간을 초월한 형태로 발전했다. 시청자들은 물리적으로 떨어져 있어도 같은 음식을 먹거나 비슷한 경험을 공유하며 정서적 유대감을 형성할 수 있다.

이를 통해 먹방은 단순한 콘텐츠 소비를 넘어, 가상의 공간에서 새로운 형태의 사회적 연결과 공동체 의식을 만들어가는 장이 되고 있다. 특히 유튜브 먹방은 물리적 공간의 제약을 넘어 전 세계 사람들이 함께할 수 있는 공동체적 장을 제공한다. 우리 전통문화의 밥상머리 대화와 밥상 공동체의 개념이 유튜브 먹방 속에서 새로운 형태로 진화하며 지속되고 있다.

2 온라인 먹방의 유형

온라인 먹방은 다양한 형태로 제시된다. 초기 인터넷 먹방은 대식이나 과식에 초점을 두었고, 쯔양은 이러한 흐름을 대표하는 크리에이터 중 한 명이다. 쯔양은 'tzuyang 쯔양' 채널로 약 1,170만 명의 구독자를 보유하고 있으며, '입짧은햇님(약 176만)', '히밥(약 167만)'도 대식에 초점을 둔 대표적 크리에이터로 유튜브에서 글로벌 팬덤과 함께 성장하고 있다.

쯔양과 히밥의 대식 먹방 중 가장 높은 조회수를 기록한 영상은 쯔양 약 2,393만 회, 히밥 약 935만 조회수를 기록했다. 쯔양은 회전초밥 먹방[5]을 진행하며 초밥 100그릇 이상을 먹었고, 히밥은 팬들이 보내준 찜닭, 돈까스, 짬뽕, 피자, 핫도그, 케이크, 꽈배기, 빙수 등 대량의 음식을 6시간 동안 쉬지 않고 먹는 챌린지[6]를 진행했다.

초기 대식에 초점을 둔 인터넷 먹방은 다양한 유형으로 변모해 왔다. 한꺼번에 많은 음식을 소비하는 것에 치중하지 않고, 다양한 콘셉트의 먹방이 등장하며 세분화되었다. 예를 들어, '문복희 Eat with Boki(약 1,030만)'[7]는 씹는 소리를 강조하며 청각적인 즐거움을 극대화한다. '쏘영 Ssoyoung(약 1,170만)'[8]은 살아있는 해산물이나 독특한 음식들을 시도하며 강렬한 리액션과 함께 시각적 재미를 강조한다. 건강식 먹방으로는 '산적TV 밥굽남(약 124만)' 등이 있으며, 야외에서 직접 조리한 자연식 요리를 중심으로 콘텐츠를 제작한다.

또한 조리하는 과정을 담은 '쿡방+먹방'의 유형도 인기를 얻고 있

5) tzuyang쯔양 (2021). 몇 접시 먹었을까요? 1,300원 회전초밥 먹방. [YouTube 동영상]. Retrieved from https://youtu.be/CQpxJhN16pM?si=CtbAO2EbiMNn9t0a

6) 히밥heebab (2020). SUB)[음식 랜덤 디펜스] 2시간동안 온 배달음식을 6시간 동안 쉬지않고 먹는 대한민국 여자 히밥 korean mukbang eating show히밥. [YouTube 동영상]. Retrieved from https://youtu.be/4nLSlrGbfEE?si=ErlBudfK6gNmU25J

7) 문복희 Eat with Boki (2024). SUB)역대급 사운드 팝핑탕후루 먹방!딸기화채에 과일 찹쌀떡까지 디저트 꿀조합 리얼사운드 Fruit Dessert Mukbang Asmr. [YouTube 동영상]. Retrieved from https://youtu.be/Q1qBBIn5P7g?si=sJKS_iWTmCT9Qf3y

8) 쏘영 Ssoyoung (2022). 역대급 대왕 문어다리 해물찜 직접 만든 해산물 볶음짬뽕 먹방 Giant Octopus Seafood Jjamppong Recipe Mukbang ASMR Ssoyoung. [YouTube 동영상]. Retrieved from https://youtu.be/ANamFwEa9Qg?si=YFbxBosc672vNF2E

다. 대표적 크리에이터로는 '흥삼이네 Heungsam's Family'(약 370만), '꼬꼬PD가족[Kkokko PD Family]'(약 38만) 채널이 있다. 과거 BJ흥삼으로 활동했던 '흥삼이네 Heungsam's Family' 채널은 시골 마을에서 흥삼이 부모님과 함께 요리하고, 가마솥 앞에 모여 식사하는 모습[9]을 보여준다. '꼬꼬PD가족' 채널은 꼬고PD와 아내, 그리고 아들까지 세 가족이 함께 식사를 준비하고 먹는 일상[10]을 담는다. 이 두 채널은 가족이 함께하는 모습을 통해 한국의 전통적인 식문화 정서를 전달하고, 요리와 식사를 매개로 한 가족애를 강조한다.

또 다른 대표적인 '쿡방+먹방' 크리에이터는 '[햄지]Hamzy'다. 햄지는 장 보기부터 식재료 손질, 요리 과정을 보여주며 반려견과 함께하는 1인 가구의 일상적인 공간에서 요리한 음식을 먹는 관찰 카메라 형식으로 약 1,330만 명의 구독자를 보유하고 있다. 먹방이 초기의 단순한 대식 콘텐츠에서 벗어나 크리에이터의 개성을 활용해 다양한 콘텐츠를 통한 팬덤 형성으로 진화하고 있음을 보여주는 예이다.

가족 먹방의 경우 전통적인 밥상머리 광경이 재현된다. 부모와 아들이 함께 앉아 별말 없이 음식을 먹는 장면은 한국 가정의 일상적인 식사 풍경을 그대로 보여주며, 자연스러운 가족 간의 유대감을 형성하는 요소로 작용한다. 말없이 식사에 집중하는 모습은 과장된 리액션 없이도 정서적 안정감을 제공하며, 시청자들에게 편안한 공감을 불러일으

---

9) 흥삼이네 Heungsam's Family (2019). 문어, 전복, 조개 등 각종 해물 넣어 [[해물탕(Spicy Seafood Stew)]] 요리&먹방!! – Mukbang eating show. [YouTube 동영상]. Retrieved from https://youtu.be/YAv4VllWDzc?si=gqbk98uIiK8veQoO

10) 꼬꼬PD가족[Kkokko PD Family] (2023). 리얼가족먹방: 닭목살잡채, 대왕소갈비찜, 대구전, 새우전, 미역국 만들어 먹는 흔한 가족의 일상과 먹방 | Beef Galbijjim, Japchae | MUKBANG | EATING SHOW. [YouTube 동영상]. Retrieved from https://youtu.be/i47plm6xKA8?si=p4nwS3uRZOT3Kmoh

킨다. 또한, 가족 단위의 식사 장면은 한국 전통 식문화에서 중요하게 여겨지는 '식구(食口)' 개념을 반영하며, 함께 밥을 먹는 행위가 관계를 유지하는 중요한 방식임을 시사한다.

먹방의 한 유형인 자율 감각 쾌락 반응(Autonomous Sensory Meridian Response, 이하 ASMR)은 근접 마이크를 통해 음식을 씹는 작은 소리까지 증폭해서 담아낸다. 이러한 사운드 중심 콘텐츠는 단순한 식사 장면을 넘어 감각적 자극을 극대화하며, 시청자에게 일종의 대리 만족과 이완감을 제공한다. 특히 이는 기존 TV 먹방에서는 보기 힘든 형태로, 디지털 플랫폼에서만 가능한 새로운 먹방 방식이라 할 수 있다. '먹방+ASMR' 콘텐츠는 먹방 초기부터 해외 커뮤니티를 중심으로 활성화되어 상당히 높은 구독자 수와 글로벌 팬덤을 확보하고 있다.

크리에이터 'Jane ASMR 제인' 채널은 약 1,830만 명의 구독자를 보유하고 있다. 청각적 자극을 극대화하기 위해 주로 쫄깃한 젤리류나 바삭한 튀김류 등 소리가 강조될 수 있는 메뉴들이 주로 등장한다. 이 외에도 'Hongyu ASMR 홍유'(약 1,640만 명), 'GONGSAM TABLE 이공삼'(약 1,380만 명), 'SIO ASMR'(약 1,050만 명) 등도 많은 구독자를 보유하고 있는 ASMR 먹방 유튜버들이다.

동물 먹방은 또 다른 먹방 유형이다. 대표적인 채널로는 'Animal ASMR'(약 156만),[11] '소녀의 행성 Girlsplanet'(약 101만), 'Bounce The Pit Bull'(약 100만), 'SIMI TV'(약 63만), '댕댕이와 야옹이'(약 57만),[12] '홍설 HONG SNOW'(약 47만) 등이 있다. 'Animal ASMR' 은 ASMR과 동물

---

11) Animal ASMR (2018). [YouTube 동영상]. Retrieved from https://youtube.com/@animalasmr?si=dS6IyAGzWk2hkezG

12) 댕댕이와 야옹이 (2017). [YouTube 동영상]. Retrieved from https://youtube.com/@dd2car?si=VsEOdz8CM9ZLQCL0

먹방이 결합된 형태로 거북이, 고양이 그리고 강아지가 먹는 모습을 보여주고, '소녀의 행성' 채널과 'SIMI TV', '댕댕이와 야옹이', '홍설 HONG SNOW' 채널은 동물의 일상을 보여주면서 먹방 ASMR을 선보인다. 동물은 대화를 할 수 없기 때문에 직접 만든 간식을 주고, ASMR을 중심으로 콘텐츠를 구성하며 동물의 귀여움을 통해 팬덤을 형성하고 있다는 점이 특징이다.

이외에도 먹방은 애니메이션 먹방, 미니어처 먹방, 여행 먹방(길거리 음식) 등 다양한 형태로 발전했다. 애니메이션 먹방의 대표적인 채널로는 '총몇명'(약 367만), '마이마이 툰'(약 150만), '푸먹 foomuk'(약 150만), '애니먹 animuk'(약 77만), '진영예술가 Artist Jinyoung'(약 69만), '푸니 Fooni'(약 39만), '냠냠툰 Yum Yum Toons'(약 30만), '사실만만 Sasilmanman'(약 19만), '소맥거핀'(약 948만), '키에커'(약 314만) 등이 있다.

애니메이션 먹방은 실제 인물 대신 애니메이션으로 음식을 먹는 모습을 표현한다. 물리적 제약이 없는 애니메이션의 특성을 활용해 편의점에서 구매 가능한 일상적인 식품부터 상상 속 가상의 음식까지 다양한 소재를 자유롭게 표현할 수 있다. 섬세하게 표현된 음식의 비주얼과 리얼한 소리 연출로 단순한 먹방보다는 캐릭터의 스토리텔링과 세밀하게 표현된 음식 이미지에 더 큰 호응을 보이며 공감의 댓글을 남기고 있다는 점이 특징이다.

미니어처 먹방은 주로 쿡방 형식으로 진행되며, 손톱만한 크기의 재료로 음식을 만드는 전 과정을 담는다. 대표 채널로는 '미니어처 쿠시나'(약 290만), 'Mimine Miniature 미미네 미니어처'(약 83만), 'Mini Forest 미니포레스트'(약 50만) 등이 있으며, 이러한 채널은 계속 증가하는 추세다. 먹방의 내용과 방식이 세분화되고 있음을 잘 보여주는 사례이다.

여행 먹방은 독립된 전문 채널보다는 여행 브이로그, 먹방 유튜버 채널, TV 예능 프로그램에서 자주 볼 수 있는 하위 콘텐츠 유형이다. 크리에이터들이 새로운 지역이나 국가를 방문해 현지 길거리 음식이나 특색 있는 음식을 맛보고 리뷰하는 것이 특징이다. 대부분 여행 브이로그와 결합되어 있는데, 전 세계 길거리 음식을 맛보는 것을 콘셉트로, 현지인들과 인터뷰를 진행하며 음식을 먹고 리뷰한다.

마지막으로 인터뷰 먹방도 있다. 여행 먹방이 여행을 중심으로 먹방 콘텐츠가 제시되는 것처럼, 인터뷰가 핵심 내용이지만 먹방이나 쿡방이 병행되는 인터뷰 먹방도 많이 있다. 정재형의 요정식탁(약 60만 명)의 경우 고현정, 김고은, 이영애 등 유명인을 초대해 음식을 먹으면서 이야기한다. 성시경의 먹을 텐데(약 200만 명), 신동엽의 짠한 형(180만 명) 등이 유사한 형식으로 주로 잘 알려진 연예인이 친한 연예인을 초대해 이야기 나누는 형식이다. 식사를 함께하며 진행되는 유명인 인터뷰는 밥을 중심으로 한 한국 특유의 소통 문화를 잘 반영한다.

3 아프리카TV와 유튜브 먹방

먹방은 아프리카TV라는 실시간 스트리밍 플랫폼을 기반으로 출발했다. 초기 아프리카TV 먹방은 단순하고 직접적인 퍼포먼스 중심이었다. 보통 많은 양의 음식을 먹으면서 시청자들과 대화하는 형식이 일반적이었다. BJ들이 한 끼에 많은 음식을 먹으며 보여준 시각적 충격과 대량 음식 섭취라는 퍼포먼스적 요소는 시청자들의 호기심을 자극하는 주요 특징이었다(Bruno & Chung, 2017).

아프리카TV는 개인 BJ가 시공간의 제약 없이 방송할 수 있는 웹사이트였다. 2000년대 UCC 열풍을 이어받아 2006년에 시작된 아프리카TV는 실시간성과 쌍방향성이 특징이었다. 1인 가구의 증가로 인한 '혼밥' 문화와 사회적 고립 심화라는 사회문화적 맥락에 BJ와 시청자가 실시간으로 소통할 수 있다는 매력이 더해져 그 영향력이 확대되었다(조은하, 2020). 도전 먹방 챌린지로 시작된 먹방의 인기는 지속적으로 성장했고, 2013년 3월 아프리카TV는 먹방 카테고리를 신설했으며, 9월에는 먹방 동시 개설 수 406개로 한국기록원 신기록을 달성했다(조은하, 2020). 당시 아프리카TV에서 먹방은 전체 방송의 10~15%에 달하는 주요 장르가 되었다(홍석경 · 박소정, 2016).

특히 아프리카TV의 '별풍선' 수익 모델은 BJ와 시청자 간의 긴밀한 관계 형성을 지원하였다. 별풍선은 콘텐츠 제작을 위한 수익 모델이면서 시청자가 보내는 지지의 표상으로 BJ와 시청자를 연결시키는 고리로 작동하였다(임명빈 · 김수정, 2018). 시청자들은 실시간 채팅으로 BJ에게 다양한 요청을 하고, BJ가 이에 응할 때 환전 가능한 별풍선을 선물했다. BJ는 별풍선을 선물한 시청자에게 감사를 표하는 말과 행동을 하고, 이는 긍정적인 상호작용으로 발전했다. 시청자들은 별풍선 개수에 특별한 의미를 부여하는 기호학적 놀이를 즐기기도 하였는데, 예를 들어, '식사식사'를 의미하는 1,414개의 별풍선 선물은 단순한 금전적 거래를 넘어 상징적이고 문화적인 소통 방식이 되었다. 이러한 상호작용은 BJ의 콘텐츠에 대한 만족감과 감정을 표현하면서, 별풍선은 BJ와 시청자 사이의 유대감과 친밀성을 한층 강화하는 중요한 도구가 되었다.

이후 시간이 흐르며 유튜브 플렛폼이 먹방의 대중화에 중요한 역할을 하게 된다(Kang et al., 2020). 유튜브는 아프리카TV보다 더 넓은 글로벌 시청자층과 접근성을 제공했으며, 고화질 영상과 편집 기능을 통해 BJ들이 더 다양하고 완성도 높은 콘텐츠를 제작할 수 있는 환경을 제공했다. 유튜브 먹방을 통해 실시간 방송 외에도 제품 리뷰나 ASMR 등 폭넓은 콘텐츠를 제작하고 공유하는 문화가 촉진되었다.

또한 유튜브는 별풍선 후원 외에도 광고 수익과 협찬 등 다양한 수익 창출 방법이 가능하기 때문에 많은 먹방 BJ들이 점차 유튜브로 활동 영역을 확장하거나 완전히 이동하게 되었다. 유튜브로의 먹방 진출은 먹방이 더 이상 국내 현상에 그치지 않고 글로벌 미디어 문화로 확장되는 데 기여했다. 유튜브는 크리에이터들의 먹방 콘텐츠를 영구적으로 아카이빙할 수 있게 하며, 시청자들에게 시간과 공간의 제약 없이 접근할 기회를 제공했다. CNN의 최근 보도(Nicioli, 2024)에 따르면 2024년 8월 기준 틱톡에서만 먹방 관련 동영상이 400만 건을 넘어섰으며, 일부 크리에이터들은 백만 명 이상의 팔로워를 보유하고 있다.

초기 온라인 먹방은 대식과 과식, 자극적인 음식 위주로 진행되었다. 이러한 초기 대식과 과식 위주의 콘텐츠는 점차 시청자들의 피로감을 낳았고, 이후 '먹는 양과 속도'의 초점에 맞춰져 있던 먹방은 '누가, 무엇을, 어떻게 먹는가'로 차별화되기 시작했다(조은하, 2020).

2010년대 초반 먹방 트렌드를 이끈 BJ더디바와 BJ밴쯔의 콘텐츠를 보면 먹방 콘텐츠의 차별화가 잘 드러난다. BJ밴쯔가 배달 음식, 편의점 도시락, 인스턴트식품으로 20대 대학생의 '혼밥' 상황을 보여줬다면, BJ더디바는 신제품 시식, 특별한 음식 소개, 먹는 방법 안내 등 간단한 조리를 통해 '집밥' 콘텐츠를 선보이며 후일 쿡방의 원형이 되었다. 이처럼 BJ와 크리에이터의 개성과 세대적 특성이 콘텐츠에 반영되면서 먹방은 '혼밥',

'집밥', '쿡방', '술방', '먹기 대회' 등으로 세분화되었다(조은하, 2020).

많은 양의 음식을 빠르게 먹는 콘텐츠가 우세하던 과거에 비해, 최근의 크리에이터들은 이 용어를 더 느슨하게 사용하고 있다(Nicioli, 2024). 먹방은 음식 리뷰와 맛집 소개를 결합한 정보 제공형 먹방, 요리 과정을 보여주는 쿡방, 음식을 먹는 소리를 강조하는 ASMR 먹방 등 다양하다. 이러한 다양성은 먹방의 대중적 영향력을 확장시켰고, 하나의 독립된 미디어 장르로 자리 잡는 데 기여했다.

해외에서는 먹방 현상을 "식탐 관음증(gastronomic voyeurism)" 또는 "푸드 포르노(food porn)"로 묘사하기도 했다. 영국의 문화 평론가 Poole(2012)은 이 현상을 '광적인 푸디즘(foodism)'이라 명명하며, 음식이 안전한 쾌락의 수단이자 새로운 형태의 문화적 도취로 기능하고 있다고 지적했다. 먹방을 통해 음식은 단순히 섭취의 대상으로서뿐 아니라, 즐거움과 교감을 제공하는 중요한 문화 콘텐츠로 자리 잡은 것이다.

먹방은 온라인 플랫폼과 TV 방송 간의 긴밀한 상호작용을 통해 점차 다채롭고 풍부한 장르로 발전했다. Song(2018)의 연구는 이러한 상호작용의 역동성을 보여준다. TV의 세련된 제작 기법과 편집 방식은 유튜브 먹방의 질적 향상에 결정적인 영향을 미쳤다. 반대로 개인방송이 보여준 자유분방한 형식과 진정성 있는 리액션은 TV 예능을 새롭게 변화시키는 데 기여했다. 대표적인 사례로, TV 프로그램 '마이 리틀 텔레비전'은 유튜브 먹방/쿡방 크리에이터들의 실시간 소통 형식을 방송에 접목하여 새로운 콘텐츠 제작 방식을 선보였고, '맛있는 녀석들'은 유튜브 먹방의 주요 특징인 과장된 리액션과 솔직한 맛 표현을 도입해 시청자들에게 큰 인기를 끌었다.

또한 유튜브 먹방 크리에이터들이 TV 예능 프로그램에 출연하면서 기존 TV 콘텐츠에 변화를 주었다. SBS '동상이몽, 괜찮아 괜찮아'에 출연해 먹방을 선보였던 밴쯔에 이어, 입짧은햇님은 tvN '놀라운 토요일'의 고정 출연자로 활약했다. 이후 입짧은햇님의 유튜브 채널에는 샤이니 키와 소녀시대 태연이 게스트로 출연해 함께 먹방 콘텐츠[13]를 촬영하며 화제가 되었다. 이와 더불어, 기존 연예인들이 유튜브 환경에서 활발히 활동하며 여러 크리에이터와 협업해 합동 먹방을 진행하는 모습도 흔히 볼 수 있다.

이처럼 서로 다른 미디어 플랫폼 간의 활발한 상호작용은 먹방 콘텐츠를 더욱 풍성하게 만드는 원동력이 되었다. Hong과 Park(2018)은 TV와 온라인 먹방의 융합이 만들어내는 새로운 가능성에 주목했다. 실제로 TV에서 성공을 거둔 먹방 포맷이 유튜브에서 창의적으로 재해석되거나, 영향력 있는 유튜브 먹방 크리에이터들이 TV 프로그램에 진출하는 등 플랫폼을 넘나드는 다양한 시도들이 이어지고 있다. 이러한 현상은 먹방이 단순한 트렌드를 넘어 하나의 독립된 미디어 장르로서 성숙해가고 있음을 보여주는 증거라 할 수 있다.

13) 입짧은햇님 (2022). 찐으로 입짧은 탱키왔다햇!! 술 한 방울 안 먹은 놀토식구들 찐케미!! 20220223/Mukbang, eating show. [YouTube 동영상]. Retrieved fromhttps://youtu.be/6nvo50Htki8?feature=shared

PART 3

먹방Mukbang의 시작과 영향

CHAPTER 5

먹방Mukbang의 탄생과 성장

CHAPTER 6

방송 시장으로 먹방의 경제학

CHAPTER 5

먹방Mukbang의 탄생과 성장

1 먹방이라는 조어의 탄생

'먹방'은 '먹는 방송'이라는 표현에서 유래한 축약어로, 단어의 절단과 합성을 통해 형성된 조어이다. 짧고 직관적인 표현을 선호하는 디지털 시대의 언어 사용 경향과 맞물려, 혼밥(혼자 먹는 밥), 혼술(혼자 먹는 술) 등 일상 속 다양한 상황을 간결하게 표현하는 축약어들과 함께 빠르게 확산되었다. 이는 의사소통의 속도와 효율성을 중시하는 한국어 화자들의 언어 습관을 반영하며, 짧은 단어로도 의미를 명확히 전달할 수 있는 한국어의 특성을 잘 보여준다.

Hakimey와 Yazdanifard(2015)는 먹방의 언어학적 특성을 세 가지로 정리했다. 첫째, 기존 단어의 결합을 통한 새로운 의미 창출이다. '먹다'라는 행위와 '방송'이라는 매체가 결합하여 완전히 새로운 의미 영역을 창출해냈다. 둘째, 온라인 공간에서의 빠른 확산과 수용이다. 용어의 직관적인 표현은 짧고 이해하기 쉬운 단어를 선호하는 디지털 시대의 언어 트렌드와 부합한다. 이에 소셜 미디어와 실시간 방송 플랫폼이라는 디지털 환경을 통해 급속도로 확산되었다. 셋째, 국제적 통용 가능성이다. '먹방'은 한국어 발음 그대로 영어권에서도 사용되며, 2021년 옥스퍼드 사전에 등재되면서 국제적으로 인정받는 용어가 되었다.

특히 한국어 발음 그대로 사용되고 발음의 간결함 덕분에 외국인들도 비교적 쉽게 따라 할 수 있다는 점에서 국제적 확산이 용이했던 것으로 보인다. 단음절의 간결한 구조와 음운의 명확성 덕분에 외국인들도 비교적 쉽게 발음할 수 있고, 특히 자음과 모음의 조합이 단순해 비한국어권 화자에게도 부담이 적게 느껴진다. 또한, 원어의 음운적 형태를 유지하면서도 Muk(먹다)+Bang(방송)이라는 문화적 맥락을 함축해 전달할 수 있다는 점이 국제적 통용성을 더욱 강화시켰다.

'먹방'이라는 개념의 형성은 사회적, 경제적 맥락과 깊은 관련이 있다. 먹방은 2008년 금융위기 이후 청년실업이 증가하고 1인 가구가 급증하면서, 혼자 식사하는 문화가 확산되던 시기와 맞물려 등장했다(김형우, 2015). Bruno와 Chung(2017)은 이 시기를 한국 사회의 식문화가 전환점을 맞이한 시기로 정의하고, 먹방이 혼자 밥을 먹는 고립감을 완화하고 공동체 경험을 제공하는 대안적 문화로 부상했다고 설명한다.

'먹는다'라는 일상적 행위가 '방송'이라는 미디어 플랫폼과 결합하여 새로운 문화 콘텐츠로 재탄생하는 과정은 디지털 시대 한국의 언어 변화가 단순한 형태적 변화를 넘어 사회문화적 변화를 반영하고 있음을 보여준다. 이는 단어 자체가 시대의 흐름과 문화를 담고 있는 살아있는 언어적 증거로서, 먹방이라는 단어와 현상이 한국 사회와 전 세계에서 공감을 얻는 이유를 설명해준다.

2 Mukbang 단어의 사전 등재와 의미

먹방의 글로벌 팬덤이 꾸준히 확산되면서 'Mukbang'은 영어 사전에 고유명사로 등재되었다(〈그림 5-1〉). 2020년 콜린스 코퍼스(Collins Corpus)는 자주 사용되는 등록 단어 목록에 먹방을 포함시켰으며, "시청자의 즐거움을 위해 많은 양의 음식을 먹는 동영상이나 웹캐스트"로 정의했다(Collins Dictionary, 2020). 2021년에는 옥스퍼드 사전에도 등재되어 "시청자와 상호작용하며 많은 양의 음식을 먹으며 진행되는 방송"으로 정의되었다(Oxford English Dictionary, 2021).

2021년 먹방(Mukbang)이 옥스퍼드 영어사전에 등재된 것은 한국의 디지털 문화와 K-컬처가 세계적으로 인정받는 중요한 이정표로 평가

그림 5-1 옥스퍼드와 콜린스 코퍼스에 등재된 먹방[1][2]

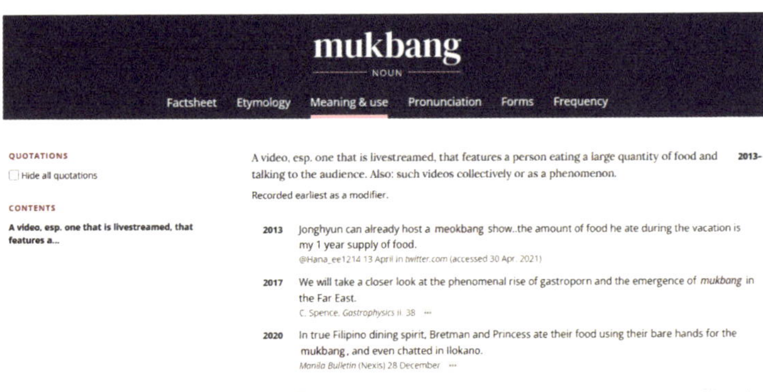

1) Oxford English Dictionary (2021). Mukbang. Retrieved from https://www.oed.com/dictionary/mukbang_n?tab=meaning_and_use&tl=true#1327615380

2) Collins Dictionary (2020). Mukbang. Retrieved from https://www.collinsdictionary.com/ko/dictionary/english/mukbang

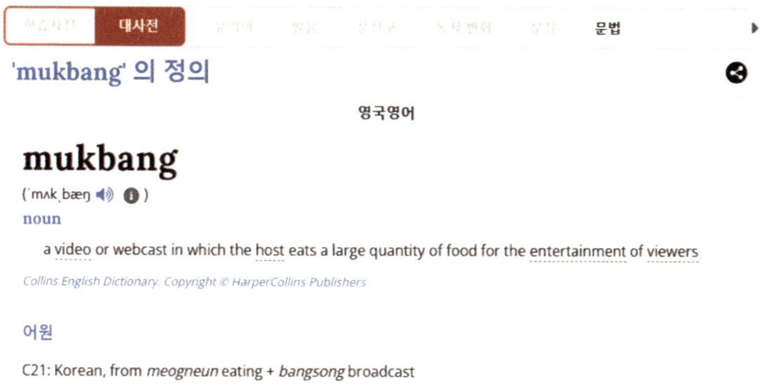

된다. 사전 등재 과정에서 한글 발음 그대로 'Mukbang'이 채택된 점은 주목할 만하다. 이는 김치(Kimchi), 태권도(Taekwondo), 불고기(Bulgogi), 한복(Hanbok)[3]과 같은 한국 고유문화 관련 용어가 국제적으로 고유명사로 자리 잡은 사례와 맥을 같이한다. Park(2020)은 이처럼 원어 발음이 유지된 채 국제적 언어로 인정받은 사례는 해당 문화의 독창성과 고유성이 세계적으로 인정받았음을 보여주는 증거라고 분석했다. 특히, 이러한 단어의 등재는 해당 문화가 글로벌 문맥 속에서 정체성과 독창성을 유지하면서도 포용적인 태도를 보여준다는 점에서 의미가 크다. 2021년 9월 '먹방'(mukbang)이 등재된 이후 '찌개'(jjigae), '떡볶이'(tteok-bokki)[4] 등의 한식 관련 단어들도 사전에 주가되었다(〈그림 5-2〉).

2021년 사전 등재 이전에는 먹방의 다양한 표기법이 나타났는데, 로마자 표기법에 따르면 '먹'의 발음을 "meok"으로 적는 것이 맞지만,

---

3) 옥스퍼드 사전에 김치(kimchi)는 1976년, 태권도(Taekwondo) 1986년, 불고기(Bulgogi)와 한복(Hanbok)은 2021년 등재되었다.

4) Oxford English Dictionary (2024). tteokbokki. Retrieved from https://www.oed.com/dictionary/tteokbokki_n?tab=meaning_and_use#1439790030

그림 5-2 찌개와 떡볶이 사전 등재

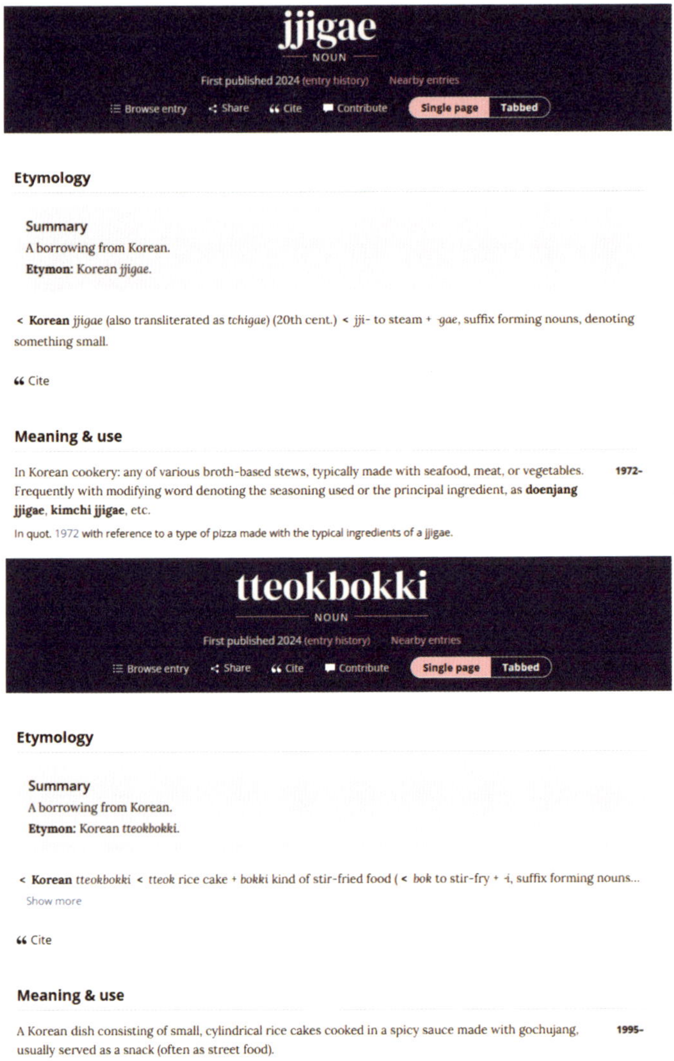
jjigae
NOUN
First published 2024 (entry history) Nearby entries
Browse entry Share Cite Contribute Single page Tabbed

Etymology

Summary
A borrowing from Korean.
Etymon: Korean *jjigae*.

< **Korean** *jjigae* (also transliterated as *tchigae*) (20th cent.) < *jji*- to steam + *-gae*, suffix forming nouns, denoting something small.

Cite

Meaning & use

In Korean cookery: any of various broth-based stews, typically made with seafood, meat, or vegetables. Frequently with modifying word denoting the seasoning used or the principal ingredient, as **doenjang jjigae**, **kimchi jjigae**, etc. **1972-**

In quot. 1972 with reference to a type of pizza made with the typical ingredients of a jjigae.

tteokbokki
NOUN
First published 2024 (entry history) Nearby entries
Browse entry Share Cite Contribute Single page Tabbed

Etymology

Summary
A borrowing from Korean.
Etymon: Korean *tteokbokki*.

< **Korean** *tteokbokki* < *tteok* rice cake + *bokki* kind of stir-fried food (< *bok* to stir-fry + *-i*, suffix forming nouns...
Show more

Cite

Meaning & use

A Korean dish consisting of small, cylindrical rice cakes cooked in a spicy sauce made with gochujang, usually served as a snack (often as street food). **1995-**

영어권에서는 이를 간단히 “muk”으로 표현하여 “mukbang”이 통용되었다. 한편, 한국어 발음을 잘못 해석해 “mokbang”이라고 표기한 사례도 있었으며, 이러한 표기상의 변형은 먹방의 글로벌 확산 과정에서 한국어 발음과 로마자 표기 간의 차이에서 비롯된 것으로 볼 수 있다. 특히, 영어권에서 간결성과 직관성을 중시하는 경향으로 인해 "mukbang"이라는 표기가 대중적으로 자리 잡았다. 이는 단순한 표기상의 적응을 넘어, 먹방이 세계적으로 인식되고 소통되는 과정에서 나타난 언어적 변화를 보여준다.

Mukbang이 영어권에서 빠르게 자리 잡을 수 있었던 배경에는 유튜브와 같은 디지털 플랫폼의 확산, 그리고 K-컬처의 글로벌 상승세가 있었다. 2010년대 후반 K-pop, 드라마, 영화 '기생충'의 성공으로 K-컬처의 위상이 높아지던 시기와 맞물려 Mukbang이 독특한 디지털 콘텐츠로 글로벌 시청자들에게 강렬한 인상을 남긴 데 기인한다. 또한, 먹방은 음식이라는 보편적 주제를 기반으로 하면서도, 한국적인 독특한 표현 방식과 디지털 문화를 융합하여 전 세계적으로 공감대를 형성했다.

먹방의 국제적 확산은 단순히 영어권에서의 수용에 그치지 않았다. 예를 들어 일본에서는 'モッパン(Moppan)' 또는 'モクパン(Mokupan)'과 같이 한국어 발음을 그대로 차용해 고유명사로 자리 잡았으며, 일본의 방송과 소셜미디어에서도 빈번히 활용되고 있다. Mukbang의 사전 등재는 한국 디지털 콘텐츠의 글로벌화와 함께, 언어적 측면에서도 새로운 지평을 열었다. 이는 Mukbang이 단순한 미디어 트렌드를 넘어 새로운 글로벌 문화 용어로 정착했음을 상징적으로 보여준다. 더불어 K-컬처 용어들의 글로벌 확산이 언어와 문화를 넘어 디지털 시대의 새로운 글로벌 현상으로 자리 잡았음을 시사한다.

해외 미디어들은 먹방 현상을 다양한 관점에서 해석하고 수용했다. Kang et al.(2020)의 연구에 따르면, 먹방에 대한 외신 보도는 크게 세 가지 관점으로 구분된다. 첫째는 먹방을 하나의 엔터테인먼트 콘텐츠로 보는 시각이다. 즉, 많은 사람들이 단순히 재미로 먹방을 시청한다. 둘째는 먹방의 사회문화적 의미에 주목하는 관점이다. BBC는 먹방이 "현대사회의 고립된 개인들에게 심리적 위로를 제공하는 디지털 소통 방식"이라고 평가했다. 특히 1인 가구 증가와 고독감 해소 수단으로서 먹방의 역할이 부각되었는데, 이는 코로나19 팬데믹 시기인 2020년 3월 먹방 검색량이 급증했다는 점에서도 확인된다(Nicioli, 2024).

셋째, 먹방이 초래할 수 있는 부정적 영향에 주목하는 시각이다. 실제로 유튜브에서 가장 많이 시청된 먹방 영상들은 대체로 건강에 해로운 과식이나 자극적인 음식 섭취를 보여주는 것으로 나타났다(Kang et al., 2020). CNN은 영양학자들의 견해를 인용하며 과도한 음식 섭취를 조장하거나 시청자들의 식이장애를 유발할 수 있다는 우려를 제기했다(Nicioli, 2024). 중국의 경우 식량 안보와 음식물 낭비 문제를 이유로 먹방에 대한 규제를 실시하기도 했다. 2020년 8월 시진핑 주석의 지시로 주요 동영상 플랫폼에서 '대식가' 관련 검색어가 삭제되고 유명 먹방 계정들이 차단되는 등 강력한 규제 정책이 시행되기도 하였다(김기용, 2020).

이러한 규제에도 불구하고, 1년 후(2021년 10월) 중국에서는 '대식가' 대신 "미식(美食)"이나 "맛집탐방(探店)" 등 새로운 검색어를 통해 기존과 유사한 음식 콘텐츠와 인플루언서들이 등장했다. '대식가'라는 검색어와 특징이 사라진 대신, 인플루언서와 플랫폼은 음식의 양을 신중하게 조절하여 과도한 음식량을 보여주던 기존 방식에서 벗어나 식당에서 제공되는 보통 크기의 국수 한 그릇을 천천히 맛보는 형태로 변화했다. '대식' 먹방이 유행할 당시 인기를 끌었던 중국 먹방 BJ Langweixian은 현재 음식과 지역 식당 관련 영상 콘텐츠를 제작하며, 다양한 요리가 차려진

만찬 테이블을 소개하고 있다(Xu & Zhang, 2022). 또 다른 인플루언서인 Mizijun는 콘텐츠를 여행 브이로그 형식으로 전환하여 지역 식당을 탐방하고 있다. 동시에 일부 인플루언서들은 자선 활동과 선전 활동에 적극적으로 참여하며 정부 기관과 직접 협업하고 있다(Xu & Zhang, 2022).

먹방 수용 양상은 문화적 맥락에 따라 차별적으로 나타난다는 점 또한 주목할 만하다. Pereira et al.(2019)의 연구는 아시아권과 서구권 시청자들의 먹방 소비 양상을 비교하며, 문화적 차이를 반영한 수용 태도를 분석했다. 아시아권 시청자는 먹방 시청을 통해 사회적 유대감과 소속감을 느끼며, 이를 고독감 해소의 수단으로 활용했다. 이는 집단주의 문화가 강한 한국과 아시아 문화권에서 먹방이 시청자와의 정서적 연결을 강화하는 방식으로 작용했음을 보여준다. 서구권 시청자는 먹방의 엔터테인먼트적 요소와 시각적 즐거움을 중시하며, 신선함과 자극을 찾는 경향이 강했다. 이는 개인주의 문화가 강한 서구권에서 먹방이 주로 오락적 콘텐츠로 소비되는 방식과 연결된다.

사람들이 음식을 먹을 때 다른 사람들과 함께하며 그 경험을 사회적 상호작용의 일부로 즐기는 행위는 새로운 현상이 아니다. 그러나 디지털 미디어의 발전과 함께 이 경험은 새로운 형태로 확장되었으며, 이를 “소셜 이팅(social eating)”의 한 축으로 설명할 수 있다. 소셜 이팅은 음식 관련 콘텐츠를 소셜 미디어를 통해 공유하고 소비하는 현상을 의미하며, 이 과정에서 사람들은 음식을 매개로 한 사회적 상호작용을 경험한다(방서연 · 정복미, 2023). 소셜 이팅은 특히 인스타그램과 같은 이미지 기반 소셜 미디어에서 인기를 끌며, 음식의 시각적 즐거움을 제공함과 동시에 시청자들에게 신경학적 반응을 유발하는 데 기여한다.

먹방은 이러한 소셜 이팅의 일종으로, 음식을 먹는 행위를 매개로 사람들과 상호작용하며 그 과정을 공유하는 특성을 지닌다. 예를 들어, Twitch는 2016년에 "소셜 이팅" 카테고리를 도입하여 사용자가 음식을 먹는 모습을 실시간으로 공유하고, 시청자들과 소통할 수 있는 플랫폼을 제공했다. 특히 코로나19 대유행 중 먹방은 사람들에게 가상의 공동 식사 경험을 제공하며, 이를 통해 사회적 연결을 찾아가는 현상이 두드러졌다(Nicioli, 2024).

먹방은 공동 식사가 중요한 문화에서, 변화된 생활방식으로 인해 어려워진 가족 식사와 같은 상황에서 매력적인 가상의 동반자 역할을 제공한다. 이러한 현상은 '디지털 공간에서의 사회적 식사(digital commensality)'라는 개념으로 설명될 수 있는데, 이는 디지털 미디어를 통해 이루어지는 공동 식사 경험을 의미한다. 디지털 커멘설리티는 물리적으로 함께하지 않더라도 디지털 기술을 매개로 식사 경험을 공유하고 사회적 연결을 만들어내는 새로운 형태의 식사 문화를 지칭한다. 이 과정에서 시청자는 진행자와 감정적 유대감을 형성하며, 이를 통해 준사회적 상호작용이 촉진된다. 시청자는 방송 중 진행자와의 상호작용을 통해 현실 세계에서의 외로움을 해소하거나 소속감을 느끼는 경험을 하게 된다. 이는 먹방이 단순한 오락을 넘어서, 인간 관계의 중요한 역할을 수행하는 방식으로 해석될 수 있다.

먹방의 의미는 옥스퍼드 영어사전의 정의에서 잘 드러난다: "a video, especially one that is livestreamed, that features a person eating a large quantity of food and talking to the audience." 음식을 먹는 것에 그치지 않고 시청자와 상호작용한다는 점을 주목해야 한다. 이는 단순히 먹는 행위 이상의 사회적, 디지털 미디어적 맥락을 반영하고 있는 것으로, 먹방이 단순한 음식 콘텐츠를 넘어 시청자와의 실시간 소통, 사회적 연결, 그리고 디지털 시대의 새로운 문화적 경험을 대표하는 콘텐츠로 자리 잡았음을 인정한 것이다.

3 Mukbang의 글로벌 확산

먹방의 글로벌화는 아프리카TV 출신 먹방 전문 BJ들이 유튜브, 인스타그램 라이브, 페이스북 라이브 등 글로벌 플랫폼으로 진출하면서 시작되었다. 기존 아프리카TV 콘텐츠를 업로드하거나 새로운 플랫폼에 맞춘 라이브 방송을 진행하면서, 국내 특정 서비스의 하위장르였던 먹방이 글로벌 뉴미디어 콘텐츠로 성장하게 되었다(조은하, 2020). K-culture의 인기와 더불어 한국 콘텐츠를 소비하던 해외 팬들의 적극적인 관심과 참여도 한 몫을 하였다.

2014년 〈월스트리트저널〉은 인터넷에서 인기 있는 국내 먹방쇼를 소개하면서 이러한 프로그램의 인기 원인이 독신가구의 증가에 따라 혼자 식사를 해야 하는 사람들이 '먹방'을 통해 정서적인 유대감을 느끼는 데에 있다고 진단했다(Kwaak, 2014; 장윤재 · 김미라, 2016). 이때만 해도 먹방은 Mokbang로 표기되며 새로운 현상으로 소개되었다.

먹방이 세계적으로 주목받기 시작한 계기 중 하나는 2015년 4월, Fine Brothers Entertainment[5]가 한국 먹방에 대한 인기 유튜브 스타

5) Fine Brothers Entertainment는 유튜브가 생기기 이전부터 음식, 게임, 노래 가사 등 다양한 리액션 영상을 다루는 전문 페이지였다. 유튜브가 생겨난 이후로는 유튜브 채널로 큰 인기를 얻었으며 현재 FBE라는 이름으로 개편하며 방송사 형태로 활동하고 있다.

들의 반응 영상을 업로드했을 때였다. 이 영상은 현재 682만 회의 조회 수를 기록했고, 공개 직후 '먹방'에 대한 구글 검색량이 급증했다(Kircaburun et al., 2021). 처음에 해외 언론은 먹방을 독특한 한국 문화 현상으로만 다루었고, 2015년까지 미국에서는 거의 알려지지 않은 개념이었다.

그러나 일시적 현상으로 여겨졌던 먹방의 인기가 지속되자 해외 언론의 관심이 커졌다. 먹방 시청자가 꾸준히 증가하고 있다고 보도했으며, 해외 크리에이터들도 자신의 고유한 음식문화를 소개하는 차별화된 먹방을 제작하기 시작했다(McCarthy, 2017). 해외 크리에이터들은 일부는 차별화를 시도했지만, 콘텐츠의 원형을 따라 음식 선정이나 촬영 방식에서 한국 먹방을 롤모델로 삼았다. 라면, 짜장면, 치킨, 떡볶이 등 한국 먹방의 인기 메뉴가 해외 먹방에서도 자주 등장했고, 정통 한국 요리를 선보이기 위해 한국 식기를 구매해 사용하기도 했다(조은하, 2020). 특히 2012년 출시된 삼양의 '불닭볶음면'은 먹방의 단골 메뉴가 되어 매운 음식 먹방의 대명사로 자리 잡았다. 트렌드에 민감한 해외 크리에이터들은 매운맛 도전을 담은 'Spicy Noodle Challenge' 영상을 제작했고, 이는 밈으로 확산되었다.

이러한 먹방의 유행은 한국을 넘어 미국, 아시아, 유럽, 아프리카 등 전 세계로 확산되었다. 유튜브 채널 Favoree[6]와 Influencers Club 웹사이트[7]는 전 세계 인기 먹방 유튜버들의 순위를 정리하여 보여주고 있다. 한국에서 시작된 먹방은 각 국가 유튜버들의 개성이 더해져 다양한 양상으로 확산되고 있다. 인도네시아에는 이모지 및 캐릭터와 먹방을 결합한

6) https://youtube.com/@favoree-io?si=yjdw-cfW0ppsVopU
7) https://influencers.club/

쇼츠 형식의 독특한 콘텐츠가 인기를 끌고 있다. 대표적인 크리에이터로 'Mukbang Bersama Bent'[8]는 약 1,180만 명의 구독자를 보유하고 있으며, 'Heyrul Official'[9]는 약 232만 명의 구독자를 보유하고 있다.

먹방 초기부터 세계적인 인기를 얻은 'ASMR 먹방' 역시 다양한 형태로 확산되었다. 캐나다의 SAS-ASMR(약 937만명)은 망고, 태국 버섯 스프, 초밥, 삼양라면 등 다양한 국가의 음식을 ASMR과 결합하여 선보인다. 캐나다의 가족 채널 'N.E Let's Eat'(약 391만 명)은 가족 구성원들이 디저트, 스시, 라면, 햄버거 등을 먹는 ASMR 먹방을 보여준다. 일본 출신으로 현재 캐나다에 거주하는 Abbey ASMR(약 313만 명)은 JANE ASMR처럼 하얀 피부에 붉은 입술을 강조하며 젤리 등 ASMR에 특화된 음식을 먹는다. 이 외에도 브라질 출신인 유튜버가 운영하는 Munik ASMR(약 211만 명) 채널이 있다.

이 외에도 이라크 바스라 출신으로 현재 독일에 거주하는 Ameer Bros(약 881만 명)는 다양한 종류의 음식을 대량으로 먹으며 리뷰한다. 비교적 왜소한 체형으로 대량의 음식을 먹는 여성 유튜버도 다양하다. 인도네시아의 ricarica96(약 174만 명), 캘리포니아의 hyuneeEats(약 168만 명), 일본에서는 Yuka Kinoshita木下ゆうか(약 523만 명)가 유명하다.

유튜버 개인과 지역 특성이 결합되어 독특한 형태로 큰 인기를 얻고 있는 먹방도 있다. 인도의 'Grandpa Kitchen(약 947만 명)'[10]이 그 사

8) Mukbang Bersama Bent (2022). [YouTube 동영상]. Retrieved from https://youtube.com/@mukbangbent?si=I28nA3N4n79OMEKW

9) Heyrul Official (2022). [YouTube 동영상]. Retrieved from https://youtube.com/@heyrulofficial?si=1yiJ6ODfBc3FY9qW

10) Grandpa Kitchen (2017). [YouTube 동영상]. Retrieved from https://youtube.com/@grandpakitchen?si=0wUb1ZMhXSaKMStk

례다. 2017년에 시작된 이 채널은 가족이 함께하며 '쿡방'과 '먹방'을 결합했다. 자연 속에서 얻은 재료 준비부터 조리 과정을 모두 담아내고, 만든 음식을 동네 아이들과 나누는 것이 특징이다.

이처럼 먹방은 초기 ASMR, 쿡방, 이모지, 나눔 먹방 등 각 지역과 크리에이터의 특색에 맞는 다양한 형태로 발전했다. 튜브가이드가 소개한 혁신적인 먹방 채널 중 하나는 미국의 푸드 크리에이터 조쉬 슈어러의 Mythical Kitchen(약 358만 명)이다. 이 채널은 프랜차이즈 메뉴를 원재료부터 재현하거나 요리에 관한 고정관념에 도전하는 실험적 콘텐츠로 유명하다. 가장 인기 있는 콘텐츠는 '라스트 밀즈'(Last Meals)로, 유명인과 함께 그들이 선택한 '마지막 식사'를 먹으며 대화를 나누는 먹방과 인터뷰의 결합 형식이다. 이 시리즈는 유명인들이 선택하는 햄버거, 피자, 치킨, 핫도그 같은 일상적인 메뉴를 통해 시청자들에게 대리만족을 주며, 음식에 담긴 추억과 가치관, 취향을 자연스럽게 풀어내는 특별한 재미를 선사한다. 또한 '퍼스트 위 피스트'(First We Feast)의 '핫 원즈'(Hot Ones)(약 1,460만 명)는 월드스타들과 함께하는 매운 음식 먹방과 챌린지로 꾸준한 인기를 얻고 있다. 이정재와 이병헌도 '오징어 게임'을 주제로 출연해 매운 음식 대결을 펼쳤다.[11)]

한편, 먹방은 해외로 확산되는 과정에서 과도한 섭취로 인한 건강 문제와 음식 낭비와 같은 사회적 문제를 야기하기도 했다. 김가연(2024)에 따르면, 미국의 Nikocado Avocado(약 460만 명)는 채식주의자였던 뮤지션에서 2016년 패스트푸드 먹방으로 전향했다. 고칼로리, 고지방의

11) First We Feast (2025). Squid Game's Lee Jung-jae vs. Lee Byung-hun | Hot Ones Versus. [YouTube 동영상]. Retrieved from https://youtu.be/dE-k3Xts_OQ?si=I3KP1zkorzky6Ztk

자극적인 음식을 대량으로 먹는 '익스트림 먹방'으로 인기를 얻었지만, 체중이 두 배 이상 증가해 산소호흡기를 착용한 채 방송을 하기도 했다. 최근에는 약 113kg을 감량하고 복귀했다. 중국의 인기 먹방 유튜버 Pan Xiaoting은 10시간 동안 10kg의 음식을 먹는 라이브 방송 중 위 파열로 사망해 큰 이슈가 되기도 했다.

BBC(Joe Tidy, 2020)에 따르면, 중국은 음식물 낭비 문제를 지적하며 먹방 영상을 금지했다. "먹방"이나 "먹방 라이브스트림" 검색 시 경고 메시지가 표시되고, 중국의 인기 앱 Kuaishou는 "음식을 아끼고, 제대로 먹자"라는 메시지를, TikTok의 중국 버전인 Douyin은 "음식을 소중히 여기고, 낭비를 거부하며, 제대로 먹고 건강한 삶을 살아가자"라는 경고를 보여준다.[12] 먹방 스타 Mini는 국영 매체 Guangming Daily의 홍보 영상에서 "남은 음식도 정말 맛있을 수 있다"며 음식 절약을 장려하기도 했다.

이러한 문제를 해결하기 위해 여러 국가에서는 먹방 콘텐츠에 대한 규제를 강화하거나, 보다 건강하고 지속 가능한 방향으로 변화시키려는 노력이 이루어지고 있다. 예를 들어, 한국에서는 일부 플랫폼이 먹방 콘텐츠 제작자들에게 건강한 식습관을 장려하는 가이드라인을 제공하고 있으며, 균형 잡힌 식사를 강조하는 '건강 먹방'이 새로운 트렌드로 자리 잡고 있다. 또한, 음식 낭비를 줄이기 위한 '제로 웨이스트 먹방'이 등장하여, 남은 음식을 활용한 요리법을 소개하거나 적정량의 음식을 섭취하는 방식으로 변화를 시도하는 크리에이터들도 증가하고 있다. 결국,

12) Joe Tidy (2020. 08. 20). Mukbang: Why is China clamping down on eating influencers? BBC. Retrieved from https://www.bbc.com/news/technology-53840167

먹방은 단순한 오락을 넘어 사회적 책임을 고려한 콘텐츠로 진화해야 한다는 목소리가 커지고 있으며, 이를 위한 지속적인 논의와 노력이 필요하다.

CHAPTER 6

방송 시장으로 먹방의 경제학

1 국내외 먹방 시장

먹방은 전 세계적으로 TV 방송과 유튜브 등 전통 미디어와 뉴미디어를 넘나들며 큰 인기를 얻고 있다. 이러한 대중화로 인해 그 형태가 매우 다양해졌으며, '먹방'이라는 장르의 경계가 모호하기도 하다. 전통 미디어를 포함한 전체 먹방 시장의 규모는 파악하기 어렵지만 옥스포스 사전에 등재된 정의에 근거해 시청자와 상호작용하는 먹방 인플루언서에 한정하여 온라인 먹방의 인기는 가늠해볼 수 있다.

Statista(2024)의 'Most popular influencer genres 2024' 설문 결과에 따르면, 먹방 콘텐츠는 각국에서 상위권을 차지하고 있다. 구체적으로 한국(2위, 33%), 미국(3위, 31%), 중국(5위, 35%)의 순위를 기록했다(〈그림 6-1〉). 특히 주목할 만한 점은, 한국과 중국에서 1위를 차지한 Film & TV와 미국에서 1위를 차지한 Comedy 분야가 오랜 전통을 지닌 방송

그림 6-1 '먹방'이 차지하고 있는 순위(한국)1)

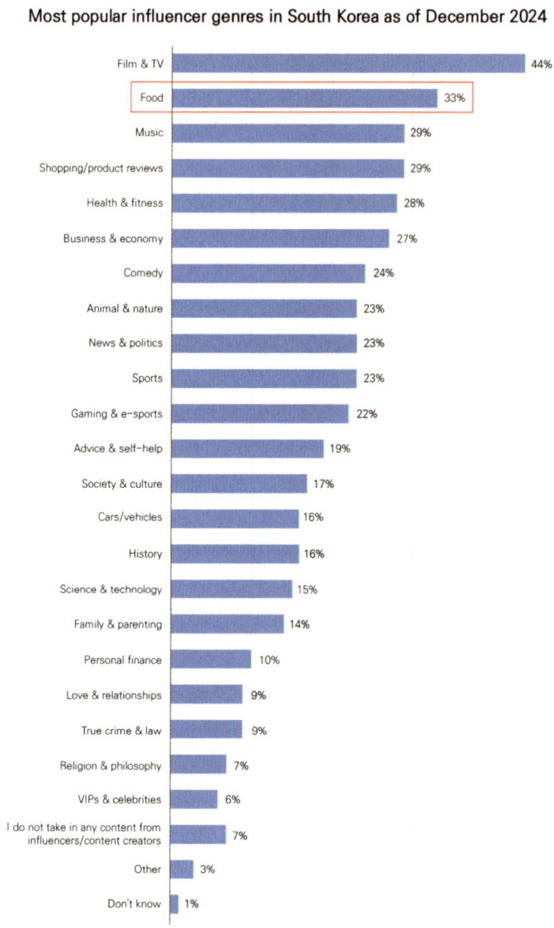

의 다수를 차지하는 장르라는 것이다. 비교적 최근에 등장한 먹방이 이처럼 높은 순위를 기록했다는 것은 먹방이 하나의 독립적인 장르로 확

1) Statista. (2025). Most popular influencer genres in South Korea as of December 2024. [웹사이트 Statista]. Retrieved from https://www.statista.com/forecasts/1409692/most-popular-influencer-genres-in-south-korea

그림 6-2 '먹방'이 차지하고 있는 순위(미국)[2]

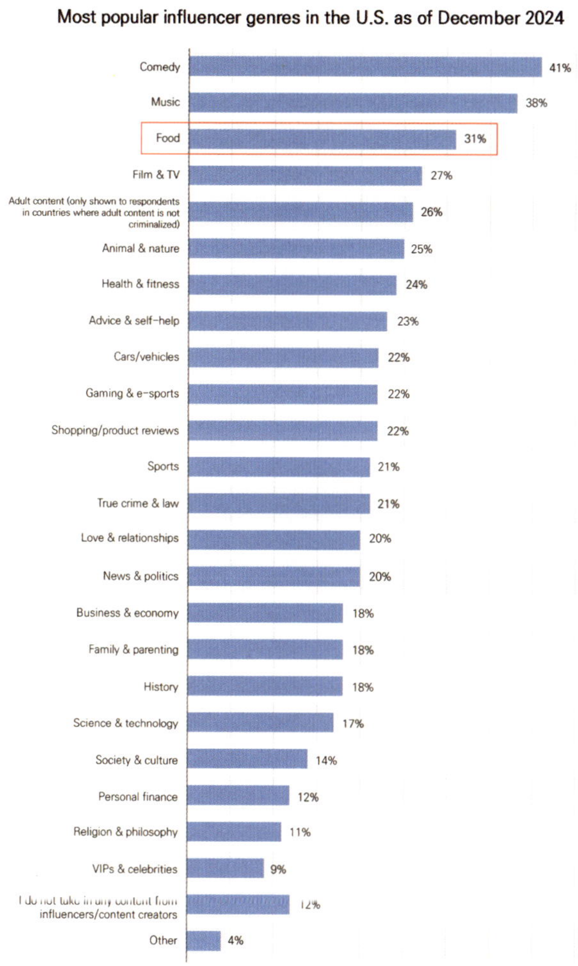

고히 자리매김했으며, 콘텐츠 시장에서 상당한 비중을 차지하게 되었음을 짐작하게 한다.

2) Statista. (2025). Most popular influencer genres in the U.S. as of December 2024. [웹사이트 Statista]. Retrieved from https://www.statista.com/forecasts/

그림 6-3 '먹방'이 차지하고 있는 순위(중국)[3]

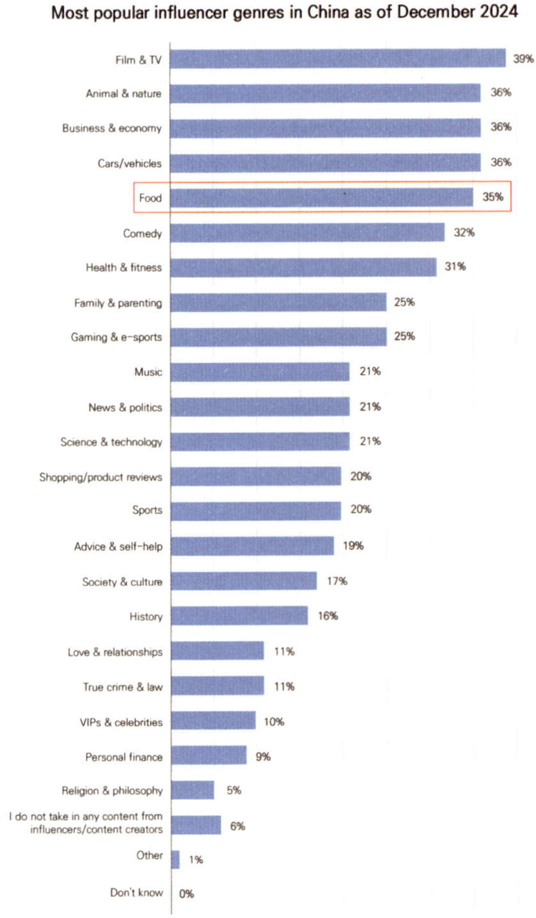

먹방은 다른 나라에서도 높은 인기를 기록하고 있다. 일본(3위, 22%), 호주(4위, 29%), 캐나다(4위, 28%), 영국(5위, 28%), 스웨덴(5위, 25%),

1409176/most-popular-influencer-genres-in-the-us

3) Statista. (2025). Most popular influencer genres in China as of December 2024. [웹사이트 Statista]. Retrieved from https://www.statista.com/forecasts/1409413/most-popular-influencer-genres-in-china

인도(6위, 43%), 브라질(7위, 37%), 핀란드(8위, 27%), 폴란드(8위, 28%), 남아프리카(8위, 45%), 프랑스(7위, 21%), 스위스(9위, 22%), 독일(8위, 21%), 스페인(11위, 21%), 오스트리아(10위, 18%), 멕시코(10위, 28%) 순이다. 이는 코미디, 음악, 영화/TV, 동물/자연, 조언/자기계발, 건강/피트니스, 자동차, 게임/E-스포츠, 쇼핑/제품 리뷰, 운동 등을 포함한 총 26개 카테고리(기타, 모름 포함) 중에서 매우 높은 순위에 해당한다.

먹방은 이제 국내를 넘어 전 세계적인 인기를 얻고 있다. 미국, 일본, 중국, 동남아시아 등 여러 지역에서 한국형 먹방 포맷이 현지화되었으며, 먹방 인플루언서들은 전 세계적인 팬덤을 형성하고 있다. 개인 브랜딩에 성공한 1인 크리에이터들은 충성도 높은 마니아층을 확보하며 스타로 성장해 높은 수익을 창출하고 있으며, 식품 소비 시장을 비롯한 상품 경제 시장에 강력한 영향력을 행사하고 있다. 이러한 먹방과 인플루언서의 세계적 인기는 식품 시장의 트렌드를 주도하며, 인기 한식 제품의 해외 수출로까지 이어지고 있다.

2 먹방과 식품 소비

먹방은 개별 식품시장에 영향을 미친다. ASMR 유튜브 콘텐츠는 먹방 초기부터 전 세계적 인기를 얻었고, 젤리 시장을 크게 성장시켰다. 국내 젤리 시장은 2018년 3,964억 원에서 2029년에는 6,317억 원까지 확대될 것으로 전망된다. 젤리 먹방이 주는 독특한 청각적 자극이 ASMR 콘텐츠로 자주 활용되었으며, ASMR 먹방의 인기는 젤리 식품 시장을 지속적으로 확대시키고 있다(신현숙, 2024).

라면 시장도 먹방의 경제적 영향력을 잘 보여준다. 불닭볶음면은 'Spicy Noodle' 챌린지를 유행시켰고, 이후 매운맛 라면이나 짜파구리처럼 다양한 맛을 조합한 레시피, 이색 제품 소개가 먹방의 콘텐츠로 빈번히 등장했다. 초기 라면 먹방은 라면 수출의 증가로 이어졌고, 2020년 상반기 라면 수출액은 전년 동기 대비 37.4% 증가했다. 당시 미국에서는 농심 미국법인의 현지 생산·판매 매출이 2020년 상반기 매출이 전년 동기보다 35% 증가하며 1억 6,400만 달러로 사상 최대를 기록했다(김윤경, 2020). 이후 2021년 7,363억 원, 2022년 9,205억, 2023년에는 또다시 전년 대비 6.5% 상승한 9,801억 원을 기록하며 지속적인 성장세를 기록하고 있다(오수민, 2024).

먹방의 영향력을 보여주는 또 다른 식품은 만두이다. 한국의 먹방이 해외로 전파되어 현지화되고 식품 수출로 이어진 대표적 사례이다. 미국의 인기 셰프이자 방송인인 조지 듀란이 라디오방송에서 부활절 특별 메뉴로 한국 만두를 덤플링이 아닌 '만두'라는 이름으로 소개하며 널리 알려지기 시작했다(배경호, 2020). 이후 만두 시장은 가파르게 성장하여 2016년 2,194만 달러의 수출을 시작으로, 2020년 코로나 시기에는 5,089만 달러로 급증했으며, 2023년에는 6,652만 달러를 기록했다(TRADLINX, 2024). K－만두의 대표주자인 비비고는 미국에서 냉동 만두 시장의 절반에 가까운 점유율(2023년 기준 42%)을 차지할 정도로 시장을 장악하고 있다. 제품 표지에 덤플링 대신 한글 Mandu로 표기하며 독자적인 포지션을 확보하고 있다(TRADLINX, 2024). 밀가루 반죽에 속을 채운 음식을 통상 '덤플링'이라 부르던 해외 시장에서 '만두(Mandu)'라는 고유명사가 자리 잡았다는 점에서 또 다른 의미를 지닌다(〈그림 6－2〉).

그림 6-4 영문 Mandu로 표기된 비비고 만두

유명 인플루언서 제레미 제이코보위츠는 인스타그램과 유튜브에서 다양한 한식 시식 콘텐츠를 게재하여 k-food를 알린 인플루언서 중 하나이다. 뉴욕 맨해튼의 '비비고 팝업스토어'를 방문해 시식 영상을 올리기도 했고, 그 외에도 닭강정, 잡채, 비빔김밥 등의 메뉴를 시식하며 고추장의 매력을 알리기도 했다(김은교, 2020). 구독자 284만 명의 Bloveslife는 한국의 짜장면, 떡, 한우, 김치 등의 먹방으로 28만 뷰를 기록했고, 구독자 173만 명의 Veronica Wang은 미국 현지 편의점의 한국 식품 먹방으로 43만 뷰, 갈비라면, 떡볶이, 김말이 먹방으로 117만 뷰를 달성했다. 이러한 인기에 힘입어 2021년 K-푸드 수출액은 처음으로 100억 달러를 돌파했다(배경호, 2020).

미국뿐만 아니라 인도네시아, 싱가포르, 말레이시아 등 동남아시아 국가에서도 한국 식품에 대한 관심이 확대되었다. 유명 먹방 인플루언서들의 라이브 스트리밍과 인스타그램을 통한 활발한 식품 홍보 덕분이며(배경호, 2020), 2025년 현재도 글로벌 OTT와 소셜미디어를 통해 한국 콘텐츠를 접하는 글로벌 소비자가 증가하면서 식품을 비롯한 한국 문화에 대한 인지도가 지속적으로 높아지고 있다(수출푸드테크정보부, 2024).

3 유튜브 경제의 활성화와 먹방 시장

먹방 시장의 확대는 유튜브를 중심으로 한 플랫폼 환경의 변화와 밀접한 관련이 있다. 2023년 보고서에 따르면, 전체 응답자(n=5,000) 중 1주일간 온라인 동영상 플랫폼을 이용한 비율에서 유튜브가 71.9%로 1위를 차지했다. 이는 이용자 대상 온라인 동영상 플랫폼별 이용률(n=3,610) 기준으로는 99.6%에 달한다(한국언론진흥재단, 2023). 그리고 2024년 4월 기준 유튜브의 월간 활성 사용자 수는 약 25억 명에 달한다(이예솜, 2024).

유튜브 경제의 활성화와 함께 먹방 시장도 급성장했다. 2017년 4월부터 2019년 4월까지 1만 명 이상의 시청자가 본 'mukbang' 관련 인기 영상은 100,000개 이상이 확인되었고(Kang et al., 2020), 먹방 조회 수는 2017년 10월 8,500만 회에서 2018년 4월 1억 3,800만 회로 증가하며 가파르게 성장하였다(Nellie, 2020). 2024년 한국의 전자상거래 시장 분석에 따르면, '음식' 카테고리에서만 연간 7.47억 달러의 지출이 이루어지고 있으며, 이는 카테고리 중 3위에 달하는 수치다(AJ Marketing, 2024).

구글 트렌드의 먹방 키워드 검색량(〈그림 6-5〉)도 2019년을 기점으

4) Sezen Bakan (2024). Mukbang: The viral and potentially deadly social media

그림 6-5 구글 트렌드 먹방 키워드 검색량[4)]

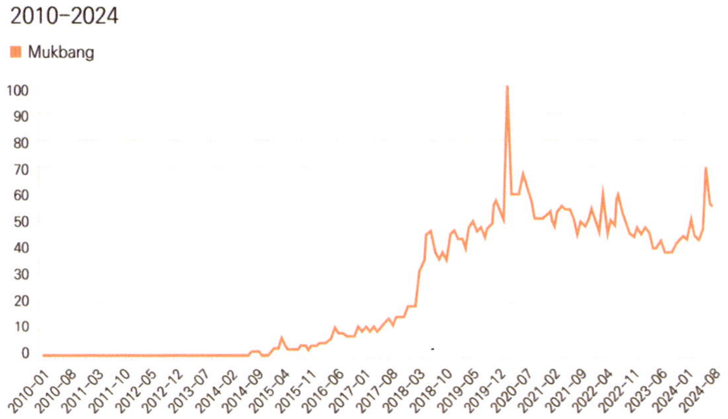

출처: Google Trends

로 급증했으며, 유튜브 공식 블로그(The YouTube Culture & Trends Team, 2024)는 2024년 초 "mukbang"이라는 제목의 영상이 누적 300억 뷰를 돌파했다고 발표했다. 2015년부터 서서히 시작된 먹방의 세계적인 인기가 2016년을 기점으로 상승세를 보였고, 코로나를 계기로 2019년 말~2020년 초에 정점에 도달했으며 2025년인 지금까지 그 관심이 꾸준히 이어지고 있는 것이다.

오늘 날 국가별 K-푸드 검색량을 보면 미국 약 33만, 인도네시아 6만, 필리핀 4만, 영국 3만 건 등 세계 곳곳에서 높은 관심을 확인할 수 있다(농림수산식품교육문화정보원, 2024). 2023년에는 올해의 검색어 레시피 부문에서 한국의 비빔밥이 1위를 차지하기도 했다(김성욱, 2023). 해외한류실태조사(2022)에서 한식은 한국 문화콘텐츠 인기도(49.4%)와 브랜드 파워 지수(67.6점) 부문에서 음악, 영화를 제치고 1위를 차지했다.

trend. The New Daily, Retrieved from https://www.thenewdaily.com.au/life/2024/09/03/mukbang-eating-social-media

CNN은 "한국의 가장 쿨한 수출품은 K팝이 아닌 막걸리"라는 보도를 통해 막걸리의 역사, 제조법, 음용법까지 상세히 소개했다. 이는 온라인 문화 콘텐츠 소비가 확산되면서 K팝스타, 먹방 등과 결합된 K-푸드의 상품성이 높아진 결과다(유주현, 2022).

실제로 주요 26개국의 한류 인식과 소비가 꾸준히 증가하고 있다. 한류의 인기와 대중화 정도를 측정하는 한류현황지수는 2022년 3.2에서 2023년 3.3으로, 한류의 성장 정도를 나타내는 한류심리지수는 2022년 119.3에서 123.3으로 상승했다(수출푸드테크정보부, 2024). 이와 관계하여 한국 식품 수요도 확대되고 있다. 한류로 인한 경제적 효과인 총 수출액은 22년 대비 약 6억 9,100만 달러(한화 약 9,643억 원) 증가했으며, 특히 식품 등 소비재 수출액이 전년 대비 21.8% 증가했다(전종근·김승년, 2023). 한류 콘텐츠의 인기에 힘입어 한국 식품에 대한 수요가 전 세계적으로 늘어나면서, 한국산 식품 수출액은 2020년부터 2023년까지 꾸준한 성장세를 보이고 있다.

4 먹방의 파급효과

먹방은 음식 소비뿐만 아니라 생산 전반에도 영향을 미친다. 먹방을 통해 특정 음식이 인기를 얻게 되면 그 음식의 수요가 급격히 증가할 수 있으며, 이는 음식 생산에도 영향을 줄 수 있다. 이러한 현상은 특정 음식의 트렌드를 형성하고, 소비자들의 선호가 빠르게 변화하는 계기가 되기도 한다. 또한, 먹방 크리에이터들이 새로운 음식 조합이나 이색적인 먹거리를 소개함으로써 외식산업의 메뉴 개발에 자극을 주고, 다양한 식재료의 소비를 촉진시키는 역할을 하기도 한다.

먹방으로 인한 큰 변화 중 하나는 '빅사이즈' 음식 제품의 인기다. 대표적으로 팔도(Paldo)의 '점보 도시락'은 기존 제품인 '도시락'의 8.5배 대용량 컵라면으로 출시되었으며 편의점의 매출을 견인할 만큼 큰 인기를 끌었다(이현주, 2023). 이를 기점으로 비빔면의 8배 분량의 '틈새비김면', 정통크림빵을 대폭 키운 '크림대빵' 등 다양한 식제품들이 출시하며 품절대란을 일으켰고, 일종의 '챌린지 문화'까지 만들어냈다. 실제로 유튜버 '쯔양(tzuyang)'은 8인분 양인 틈새비김면을 한 자리에서 모두 먹는 라이브 방송을 진행하여 놀라움을 자아내기도 했다.

유튜브 먹방의 유행으로 화제가 된 또 하나의 음식은 바로 '동대문 엽기떡볶이'이다. 초기 유튜브 먹방 채널에서 맵고 자극적인 음식이 인기였고, 대표 음식으로 '엽떡'이 주요 콘텐츠로 활용되었다. 이후 국내 소비자물가지수 중 '떡볶이 지수'는 외식물가를 대표하는 주요 지표가 되었으며, 2021년 이후 먹방의 인기와 더불어 오름폭이 대폭 상승해 왔다(윤슬기, 2024). 실제 소비자물가지수보다 더 높게 나타나며, 먹방 콘텐츠의 영향력을 보여준다(〈그림 6-6〉).

삼양의 '불닭볶음면'은 전 세계적인 먹방 열풍을 불러일으켰다. 특히 해외에서는 '불닭볶음면 챌린지(Fire Noodle Challenge)'라는 이름으로 매운 라면을 먹는 도전 문화가 확산되었다(이진경, 2024). 이 열풍은 유튜브 채널 '영국남자(Korean Englishman)'를 운영하는 조쉬(조슈아 대럴 캐럴)가 불닭볶음면 먹기에 도전하는 영상을 업로드해 조회수 1,000만 회를 기록하며 본격적으로 시작되었다. 이후 수많은 해외 크리에이터들이 같은 도전에 참여하면서 불닭볶음면은 단순한 음식이 아닌 글로벌 놀이

그림 6-6 소비자물가지수 중 '총지수 vs. 떡볶이지수'[5)]

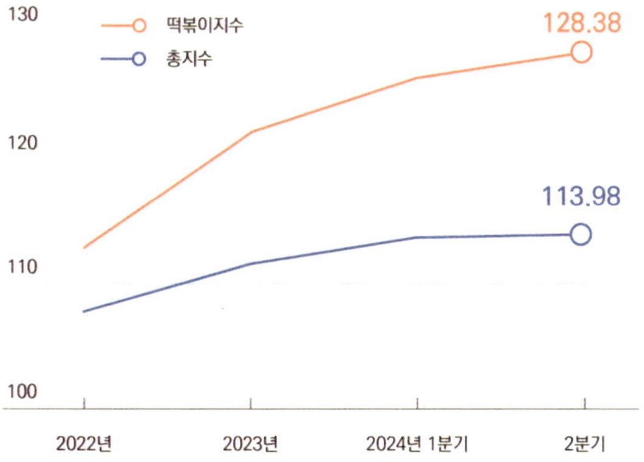

출처: 통계청 국가통계포털, 2020=100

문화로 자리 잡았다(이진경, 2024).

이러한 열풍으로 불닭볶음면은 중국, 동남아, 미주 등 100여 개국에 수출되며 'K-라면'의 대표주자로 자리매김하였다. 특히 '불닭볶음면 챌린지'의 인기로 인해 수출량이 급증하면서, 세계 각지의 마트와 온라인 쇼핑몰에서도 쉽게 찾아볼 수 있게 되었다. 그 결과 불닭브랜드는 2016년 1,418억 원의 매출을 기록한 데 이어, 8년이 지난 2023년에는 6,000억 원이라는 놀라운 매출을 달성하며 글로벌 시장에서 입지를 더욱 공고히 했다(〈그림 6-7〉). 또한, SNS에서 소비자들이 공유한 다양한 불닭볶음면 레시피에서 아이디어를 얻어 치즈불닭볶음면, 불닭볶음탕면, 커리불닭볶음면, 핵불닭볶음면, 까르보불닭볶음면 등 총 19종의 제품으로 라인업을 확장하였다. 먹방이 해당 식품 소비뿐만 아니라 새로운 제품 개발 등을 통해 생산 전반에도 영향을 미친다는 것을 잘 보여

5) 윤슬기 (2024). "떡볶이 가격이 왜이래…2000원대는 옛말 2만원대 수두룩[조선물가실록]". 아시아경제. Retrieved from https://view.asiae.co.kr/article/2024082807203251824

그림 6-7 삼양식품 불닭브랜드 매출 추이(2016~2023)(단위: 원)[6)]

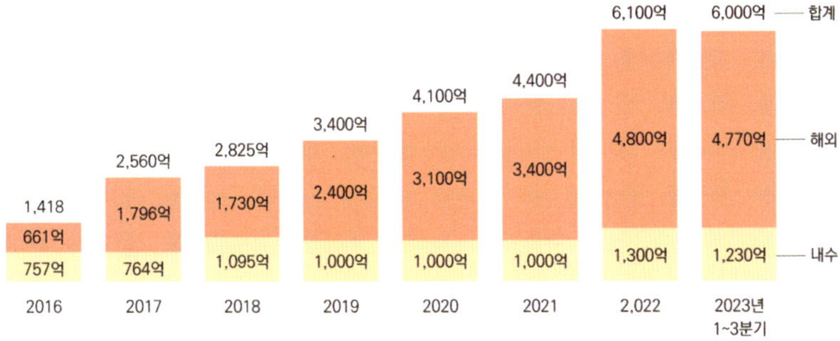

주는 사례이다.

이 외에도 특정 지역의 전통 음식이나 특정 레스토랑의 메뉴가 먹방을 통해 유명해지면, 해당 음식의 생산 및 유통 확대에 영향을 미치기도 한다. 특히 먹방 크리에이터의 추천을 통해 특정 음식점이 폭발적인 인기를 얻으며, 이에 따라 매출 급증과 함께 해당 메뉴의 원재료 수요와 공급망 확장으로 이어지기도 한다. 이러한 현상은 단순한 소비 트렌드를 넘어 지역 경제 활성화에 기여하고, 식문화의 다양성을 널리 알리는 계기가 되기도 한다.

대표적으로 채널A의 예능 프로그램 '돈쭐내러 왔습니다'[7)]는 매출 부진으로 어려움을 겪고 있는 소상공인들의 가게를 방문해, 유명 먹방 크리에이터들과 함께 음식을 먹으며 매출을 끌어올리는 프로젝트를 진행했다. 이는 코로나 시기 침체된 상권을 회복하기 위해 먹방 인플루언

6) 이진경 (2024). "세계인 사로잡은 'K매운맛'… 먹방 넘어 '놀이 문화' 되다 [연중기획 K브랜드리포트]". 세계일보. Retrieved from https://www.segye.com/newsView/20240116515186

7) 돈쭐, 맛짱뜨러 왔습니다2 (2022). 히밥! 드디어 돈쭐내러 왔습니다! [돈쭐내러 왔습니다2 MUK-FIA] 4회 예고. [YouTube 동영상]. Retrieved from https://youtu.be/Xq3JmG3ltK0?si=DIIBd9nWd3c6Mldh

서들이 매장을 비밀리에 방문해 소상공인의 가족, 지인의 의뢰를 받아 정한 도전 먹방 목표를 달성해 '돈쭐'을 내주는 푸드 버라이어티이다. 4명의 먹방 유튜버들이 '90분 동안 100인분 먹기' 등 다양한 먹방 목표를 정해 시즌 3까지 제작되었다. 이처럼 먹방 콘텐츠는 특정 음식과 식당의 홍보를 넘어서, 지역 경제와 식문화 전반에 변화를 이끌어낼 수 있는 도구가 되기도 한다.

또한 먹방 크리에이터들이 새로운 음식 조합이나 이색적인 먹거리를 소개함으로써 외식산업의 메뉴 개발에 자극을 주고, 다양한 식재료의 소비를 촉진시키는 역할을 하기도 한다. 최근에는 인플루언서들이 직접 제품 개발에 참여하거나 협업을 통해 판매를 주도하며, 시장의 흐름을 이끄는 사례도 늘고 있다. 예를 들어, '입짧은 햇님'은 농어촌 상생 프로젝트의 일환으로 충주시 과수 농가를 돕기 위해 '햇님 사과 세트'를 출시했다. 충주 사과를 활용한 햇님 달콤한 사과즙, 햇님 사과챔(잼+청의 합성어), 햇님 사과파이 3종으로 구성된 세트는 출시와 동시에 완판을 기록하기도 했다.

5 먹방 인플루언서와 미디어 경제

먹방 콘텐츠 확산의 중심에는 먹방 인플루언서가 있다. 초연결 시대에서 인플루언서들의 콘텐츠는 쉽게 공유되고, 그들의 캐릭터, 외모, 성향에 공감하는 팔로워들이 자연스럽게 형성된다. 과거 지역 기반으로 퍼지던 입소문은 이제 같은 취향과 성향을 가진 사람들 사이에서 더욱 강력하게 전파되며, 디지털 기술의 발전으로 기존 바이럴 마케팅의 효과가 증폭되었다. 인플루언서 마케팅 시장은 2024년에 240억 달러 규모에 도달했으며, 특히 식음료 업계에서 그 효과가 더욱 두드러진다(Rollings, 2024).

음식과 음료는 인스타그램 게시물 수 기준 세 번째로 인기 있는 제품 카테고리이며, 2023년 상반기 동안 190만 건의 게시물로 언급되었다. 미국과 영국 Z세대의 약 70%가 TikTok을 가장 유용한 음식 추천 소셜 플랫폼으로 꼽았으며 미국 Z세대의 44%는 음식 콘텐츠를 게시하는 인플루언서를 팔로우 한다고 답했다(Molenaar, 2025). 특히 주시할 점은 63%가 음식 인플루언서의 추천을 보고 제품을 구매한 경험이 있었다는 사실이다(Ihab, 2025).

유튜브는 광고가 주요 수익원으로 작용한다. 글로벌 플랫폼이라는 특성상 각국의 시청자들에게 노출될 수 있으며, 구독자 수와 시청자 수에 따라 다양한 수익 모델이 작동한다. 크리에이터들의 수입은 크게 광고 수익, 협찬 및 브랜드 제휴를 통한 수익으로 구분된다. 특히 대형 먹방 크리에이터의 경우 기업과의 유료 광고 계약이 건당 수천만 원에서 많게는 억 단위에 이르는 것으로 추정된다. 구독자 500만 명 이상의 대형 크리에이터는 연간 10~20억 원대의 수익을 올리는 것으로 추산되는데, 실제로 크리에이터 히밥이 자신의 연 수익이 13억 원이라고 공개한 바 있다(박영훈, 2025). 조회수에 따른 광고 수익은 일반적으로 1,000회 조회당 1,000~5,000원 정도가 발생하는 것으로 알려져 있다. 따라서 영상이 100만 회 조회되면 약 100~500만 원, 1,000만 회 조회 시에는 1,000~3,000만 원 정도의 광고 수익을 기대할 수 있다(황순민, 2023). 단, 이는 평균적인 추정치로, 실제 수익은 시청자의 지역, 광고 종류, 시청

시간 등 다양한 요인에 따라 달라질 수 있다.

이러한 기본적인 광고 수익 외에도 크리에이터들은 후원, 협찬, 굿즈 판매, 외부 행사 및 방송 출연 활동 등 다양한 방식으로 수익을 창출한다. 크리에이터들의 실질적인 수익이 공개되면서 크리에이터의 사회적 입지도 높아지고 있다. 이는 최근 초등학생 장래희망 조사에서 '크리에이터'가 3위(4.8%)를 기록한 것에서도 확인할 수 있다(이우연, 2024). 특히 인기 크리에이터들은 식품업계나 외식업계와의 지속적인 계약을 통해 안정적인 수익 구조를 구축하는 경우가 많아졌다.

먹방 인플루언서의 영향력은 타문화의 식품 진입장벽을 허무는 데도 기여하고 있다. 전통적으로 진입장벽이 높았던 김은 최근 114개국에 수출되며 "식품산업의 반도체"로 불릴 만큼 주요 수출상품으로 자리잡았다. 2015년 유튜버 영국남자의 영상[8]에서 처음 김을 먹어본 영국인들은 "인어공주가 쓰고 버린 화장지 같다"고 반응했지만, 밥과 함께 먹는 법을 소개받은 후 "건강에 좋을 것 같다"며 호평했다. 해당 영상은 9,800만 뷰를 기록하며 김의 인기를 높였고. 영국 매체 인디펜던트는 최근 식품 트렌드 1위로 해조류를 선정했으며, CJ제일제당의 비비고 김은 해외 매출이 국내를 앞서고 있다(유주현, 2022).

먹방은 소셜 미디어의 음식 콘텐츠 중 가장 두드러지는 장르이며, 유튜브와 숏폼 비디오의 성장으로 더욱 인기를 얻고 있다. 유튜브 플랫폼에서는 조회수 수익보다 광고 수익이 더 크며, 먹방 인플루언서들도 협찬과 광고를 통해 주요 수익을 얻는다. 최근 인플루언서 마케팅은 유

8) 영국남자 Korean Englishman (2015). 김밥을 처음 먹어본 영국인들의 반응?! [YouTube 동영상]. Retrieved from https://youtu.be/9AfHFB11fmM?si=OtvOmDmcJ3zrp6vC

료 광고 콘텐츠와 브랜디드 콘텐츠가 주를 이룬다. 유료 광고는 광고주의 브랜드, 제품, 메시지를 콘텐츠에 직접 노출하는 방식이며, 브랜디드 콘텐츠는 광고 메시지를 자연스럽게 영상 콘텐츠에 녹여내는 방식으로, 브랜디드 엔터테인먼트라고도 불린다. 먹방 인플루언서들은 식품 콘텐츠를 먹으면서 자연스럽게 영상에 담아낼 수 있기 때문에 이러한 브랜디드 콘텐츠의 설득효과는 상당하며 바이럴 효과도 높다.

인플루언서들의 브랜디드 콘텐츠는 광고라고 명확히 표기하지 않아 뒷광고 논란을 야기하기도 했다. 2020년 당시 인기 유튜버였던 스타일리스트 한혜연과 가수 강민경 등이 광고주로부터 돈을 받고도 이를 콘텐츠에서 명시하지 않고 마치 자신이 직접 구매한 것처럼 유튜브 영상을 게재했다. 특히 스타일리스트 한혜연은 '내돈내산(내 돈 주고 내가 산)' 콘텐츠를 강조하여 인기를 얻었다는 점에서 더 큰 비난을 받기도 했다. 이러한 논란이 불거지면서 내부 고발성 폭로가 나타났다. '애주가TV참PD'와 '홍사운드'는 유명 유튜버들이 경제적 대가를 받고 콘텐츠를 제작하면서도 이를 고지하지 않고 마치 순수한 자신의 추천인 것처럼 말하는 경우가 많다는 것을 자신의 콘텐츠를 통해 폭로하였다.

이러한 폭로를 통해 많은 먹방 유튜버들이 논란이 되었으며, 문복희(구독자 약 448만 명), 도로시(약 400만 명), 엠브로(약 153만 명), 나름TV(약 154만 명) 등의 먹방 유튜버가 이에 대해 사과하고 활동을 잠시 중단하기도 했다(유종헌, 2020). 이들의 콘텐츠에서는 해당 제품이나 서비스를 직접 먹어보고 긍정적으로 맛을 평가하고 구독자들에게 추천하는 등의 내용을 제공하면서 콘텐츠 내용에 대한 경제적 대가를 받았다는 사실을 명시하지 않았다는 점에서 문제가 되었다. 먹방의 수익구조와 이에 대한 명확한 고지는 먹방의 근간이 시청자와의 상호작용이라는 점에서 특별히 주시해야 한다.

이처럼 먹방 인플루언서는 먹방의 인기와 소셜 미디어의 발달에 힘입어 빠르게 성장했으며, 방송과 식품 시장에서 상당한 경제적 가치를 창출하고 있다. 이들은 시청자와의 친밀감과 상호작용을 바탕으로, 식품 콘텐츠를 전체 영상에서 자연스럽게 녹아내고 있다. 시청자들이 먹방 콘텐츠를 통해 형성한 긍정적 태도는 식품 브랜드에 대한 호감과 구매 의도로 이어지고 있으며, 이는 앞으로도 식품 소비 트렌드의 변화와 시장 활성화를 이끌어낼 것으로 전망된다.

PART 4

먹방에 대한 다학제적 이해

CHAPTER 7

먹방에 대한 사회학적 고찰

CHAPTER 8

먹방에 대한 문화심리학적 고찰

CHAPTER 9

먹방 시청에 대한 방송학적 고찰

CHAPTER 10

먹방과 헬스커뮤니케이션

CHAPTER 7

먹방에 대한 사회학적 고찰

직장인 A[1] 씨는 많은 양의 음식을 한꺼번에 먹는 먹방을 주로 본다. 하루 지친 일과를 끝내고 늦게 집에 돌아오면 야식 생각이 나서, 한상 차려놓고 폭식하는 먹방을 틀어놓는다. 보고 나면 '밤에 저렇게 먹으면 안 되겠구나' 하는 생각이 들 때가 많고, 내일 출근을 생각하며 잠을 청한다. 대학생 B[2] 씨는 새로운 음식을 먹는 먹방을 즐겨본다. 비싼 음식, 외국 음식, 신상품 등 먹어보지 못한 음식을 먹는 영상을 보면 쉽게 접할 수 없는 음식에 대한 호기심도 충족되고, 자세한 맛 평가 덕분에 메뉴 선정에 도움도 된다. 크리에이터가 소개해준 음식을 결국 찾아 먹고 나면 일종의 공감대도 형성되며 유대감도 느낀다.

대학원생 C[3] 씨는 매일 밤 자기 전 디저트 먹방을 주로 본다. 평소 디저트를 즐겨 먹던 터라, 마음껏 먹지 못하는 스트레스를 영상 시청을 통해 해소한다. 날씬하고 예쁜 먹방 유튜버가 대신 먹어주는 영상을 보

1) 2025.01.25 인터뷰 진행, 28세, 남성, 경기 거주
2) 2025.01.25 인터뷰 진행, 26세, 여성, 서울 거주
3) 2025.01.25 인터뷰 진행, 28세, 여성, 전남 거주

며 대리만족을 느낀다. 취준생 D[4] 씨는 청각적 요소가 강조된 먹방을 즐겨본다. 음식이 만들어내는 바삭바삭한 소리나 섬세한 씹는 소리가 그의 긴장된 마음을 달래주며, 집중력을 높이는 효과를 경험한다. 정교하게 편집된 음향은 어려운 취업 준비 기간에도 긍정적인 기대감을 불러일으켜 작은 위안과 활력을 제공한다.

먹방을 보는 이유는 다양하다. 누군가는 틀어놓고 생각 없이 보다가 자신을 되돌아보기도 하고, 누군가는 대리만족을 얻고, 누군가는 호기심을 충족하고 정보를 얻고, 누군가는 먹방을 통해 공감대나 유대감을 형성하는 등 외로움을 해소하기도 한다. 먹방은 단순히 음식을 먹는 장면을 넘어서 각자의 감정과 필요를 채우는 역할을 한다. 사람들은 자신만의 방식으로 스트레스를 해소하거나 다시 돌아올 평범한 하루에 대한 준비를 하기도 한다. 이번 장에서는 먹방 콘텐츠 소비를 사회학적 관점에서 접근하여, 먹방이라는 새로운 현상을 기존 사회학에서 논의되는 다양한 개념이나 원칙들과 연관시켜 살펴보고자 한다.

1 먹방과 가상 음식지형(virtual foodscape)

먹방은 단순한 개인적 식사 행위가 아니라, 시청자와의 소통을 통해 디지털 공간에서 이루어지는 새로운 음식 문화이다. 음식지형(Foodscape)은 "음식"(food)과 "지형"(scape)의 합성어로, 물리적 환경뿐만 아니라 사회적, 문화적, 그리고 인식적인 요소를 포함하여 사람들이

4) 2025.01.25 인터뷰 진행, 29세, 남성, 서울 거주

음식을 소비하고 경험하는 방식을 의미한다. 지역 내 식품 판매점의 분포와 접근성 등 물리적 공간으로만 한정된 것이 아닌 특정 장소와 사회적 맥락에서 사람들의 경험과 인식에서 어떻게 자리잡고 있는지를 포괄하는 개념인 것이다(Vonthron et al., 2020).

먹방 크리에이터들은 특정한 연출을 통해 가상의 음식 공간을 창출한다. 예를 들어, ASMR 먹방은 소리에 집중한 음식지형을, 여행 먹방은 지역성과 결합된 음식지형을 형성한다. 먹방을 통해 음식은 단순한 섭취 대상이 아니라, 시각적·청각적 경험을 제공하는 콘텐츠로 변했다. 특히 고급 레스토랑부터 길거리 음식, 그리고 일상의 밥상까지 다양한 음식지형이 디지털 미디어를 통해 확장되고 공유된다. 먹방은 특정 국가나 지역의 식문화를 반영하며, 글로벌 플랫폼을 통해 비교문화적 음식지형(cross-cultural foodscape) 형성에도 기여한다. 예를 들어, 한국의 K-푸드 먹방이 해외에서 인기를 끌면서, 한국 음식 문화가 글로벌 음식지형에서 중요한 위치를 차지하게 되었다.

전통적인 음식지형은 오프라인에서 경험하는 음식 문화에 집중했지만, 먹방은 온라인 환경에서도 음식지형이 형성될 수 있음을 보여준다. 또한, 특정 음식에 대한 인식을 바꾸고, 소비 패턴에 영향을 미치는 등 음식 문화에 새로운 차원을 추가하고 있다. 온라인 공간에서 음식이 소비되는 방식과 그것이 형성하는 문화적 의미에 기반하여 나은경(2015)은 가상 음식지형(Virtual foodscape) 개념을 소개한다. 가상의 음식지형은 온라인상의 음식 관련 커뮤니케이션 공간으로, 셰프 등 음식을 만드는 사람, 이를 시청하는 사람, 음식을 섭취하는 사람 간의 다각적 소통이 가능하게 하는 가상의 공간이다(나은경, 2015).

유튜브 먹방은 가상 음식지형을 통해 음식의 콘텐츠화와 퍼포먼스화에 기여했음을 주목하며, 면대면 식사와는 달리 물리적 거리가 존재하지만 시청자와의 가상적 친밀감(virtual proximity)를 형성하는 데 기여하기도 한다(Rüdiger, 2021). 더 나아가 개인의 행동 변화를 넘어 사회 전체의 관점에서 가상 음식지형이 물리적인 음식 지형에 대한 접근성이 낮은(food insecure) 계층의 접근성을 높이고 음식 불평등을 해소하는 역할을 수행하기도 한다(Mann, 2020).

즉, 기존의 음식지형 개념이 물리적 공간에서의 음식 문화와 관련되었다면, 먹방을 통한 가상 음식지형은 디지털 미디어를 매개로 음식 문화에 대해 보다 확장된 경험과 인식을 선사한다. 음식의 맛과 향이 아니라, 시각적, 청각적 요소로 소비가 이루어지며, 이를 통해 음식의 의미와 가치가 변화하거나 정체성 표현의 수단이 되기도 한다. 소셜미디어의 활발한 사용과 더불어 먹방을 통한 가상 음식지형은 국경을 넘어 음식 문화를 확장시키기도 한다.

소셜 미디어의 발전으로 트위터, 유튜브 등에서 생산되는 음식 관련 콘텐츠가 개인의 음식지형에 미치는 영향이 커지고 있다(Goodman & Jaworska, 2020). 다양한 소셜 미디어의 기술적 특성과 사용자의 이용 방식에 따라 음식지형에 미치는 영향은 상이하다. 스냅챗(Snapchat)은 24시간 한정 공유라는 특성으로 인해 부담 없는 음식 콘텐츠 공유가 가능하다. 스냅챗상에서의 음식 공유는 주변의 지인들에게 나의 일상을 공유하는 것이 주 목적이다. 여기서 음식은 사회적 연결의 매개체이며, 친구들과의 유대감을 강화하고 관계를 유지하는 데 기여하게 된다. 반면, 인스타그램(Instagram)은 영구적으로 게시물이 남는 특성으로 인해 이용자들이 보다 신중하게 음식 콘텐츠를 선택하고 공유하는 특성을 보인다. 인스타그램 피드(feeds)의 음식은 사회적 지위, 경험, 특정 라이프스타일을 드러내는 수단이다. 이를 통해 이용자들은 비슷한 소비 문화를 공유하는 특정 사회적 집단과 동질감을 형성하고, 정체성을 구축하게 된다(Saleeva, 2019).

먹방 콘텐츠가 주로 업로드되는 유튜브(YouTube)는 시각적 콘텐츠를 중심으로 개인화된 추천 알고리즘을 통해 시청자들에게 다양한 음식과 요리를 접할 기회를 제공한다. 유튜브 콘텐츠를 통해 전 세계의 음식 먹방을 시청할 수 있으며, 다양한 사람들의 식생활을 간접적으로 경험하는 기회를 준다. 먹방 콘텐츠는 불닭볶음면과 같은 낯선 음식을 시도하도록 장려하고, 음식이 단순한 영양 섭취를 넘어 문화적 교류와 정체성을 표현하는 수단이 될 수 있음을 보여준다.

한국의 먹방 콘텐츠는 가상 음식지형을 통해 K-푸드의 인기를 높이며, 국경을 초월한 음식 문화의 확산에 기여하고 있다. 떡볶이, 삼겹살, 짜장면 등의 음식이 해외에서 인기를 끌게 된 것은 먹방 콘텐츠의 영향과 관련이 있다. 가상 음식지형을 통해 소개되고 확산되는 음식의 범위는 오프라인 음식지형에 비해 더 넓고 빠르게 퍼질 수 있다. 특정 음식에 대한 인식에도 더욱 강한 영향을 미칠 수 있는데, 이는 떡볶이, 삼겹살, 불닭볶음면 등 이전에는 해외에 잘 알려지지 않았던 음식들이 급속도로 전파된 사례에서도 확인할 수 있다.

특히 ASMR 먹방은 가상공간에서 청각적 효과를 극대화하여 수신자가 직접 음식을 경험하는 듯한 감각적 몰입을 제공하며, 특정 소리 자극을 통해 심리적 안정감과 긴장 이완을 유도한다(김준래, 2018). 특히, 바이너럴 마이크(binaural microphone)를 활용한 먹는 소리와 입소리는 청각적 공간감을 형성하며, 수신자가 현실과 분리된 가상의 음식지형을 구축하도록 돕는다. ASMR을 통해 특정 청각 및 시각 자극에 반응하여 두피와 목 뒤에서 따끔거리는 감각을 경험하게 되며, 이러한 감각은 편안함과 긴장의 이완을 유도한다. 유튜브, TV, 라디오 등 다양한 매체에서 ASMR 콘텐츠가 제작되며, 주요 자극 요소로는 속삭임, 두드리는 소리, 백색소음, 선명한 사운드 등이 있다(Barratt & Davis, 2015).

ASMR 먹방은 일반 먹방에서 볼 수 있는 크리에이터와 시청자 간의 소통이 거의 없다는 점에서도 차별적이다. 크리에이터의 얼굴이나 신체가 카메라상에 등장하지 않는 경우가 많으며, 음식을 씹는 소리 외에 다른 소음은 최소화한다. '제인(Jane) ASMR'[5]은 유튜브 구독자 1,820만 명을 보유한 한국의 대표적 ASMR 먹방 콘텐츠 크리에이터다. 검정색 배경, 전면에 내세워진 화려한 모양의 음식, 핑크색 립스틱을 바른 입술과 하관만 나오는 카메라 앵글이 특징적이다. 영상 속에서는 대화나 소통의 시도를 하지 않으며, 설명이 필요한 경우, 자막으로 대체하는 경우가 있으나, 자막을 굳이 켜지 않고도 영상을 즐길 수 있다. 900만 명 이상을 보유한 유명 먹방 크리에이터 '허니비(HunniBee) ASMR'[6]은 특이한 형태와 다양한 식감을 가진 음식을 통해 팅글(tingle)을 유발하는 것으로 알려져 있다. 설탕공예, 젤리, 식용 글리터 등을 활용해 특정 색깔 또는 주제에 맞는 음식을 먹는다.

5) Jane ASMR 제인 (2012). Jane ASMR mukbang channel. [YouTube 동영상]. Retrieved from https://youtube.com/@jane_asmr?si=kSed8FZDPv8_GCtE

6) HunniBee ASMR (2017). HunniBee ASMR channel. [YouTube 동영상]. Retrieved from https://youtube.com/@hunnibeeasmr?si=1-BwCSe4e_cfu7Hf

2 먹방과 정서적 식욕(emotional eating)

우리는 배가 고플 때만 음식을 섭취하는 것이 아니다. 특히, 현대와 같이 풍요로운 시대에서는 기분이 상한 이유와는 관계없이 기분을 빠르게 전환하는 방법 중 하나로 음식을 섭취하는 경우가 많다(Ogden, 2021). 정서적 식욕이란, 감정적 상태에서 생존과 관계없이 싫증이 나거나 불안하거나 그저 지루할 때마다 기분 전환을 위해 음식을 섭취하고 싶은 충동을 의미한다. 스트레스를 받을 때 분비되는 코르티솔 호르몬이 식욕을 돋우는 작용을 하는데, 이 때 음식을 섭취하게 되면 기분이 전환된다. 이러한 일이 반복되다 보면 그 현상이 학습되어 결국 정서적 식욕이 습관화되는 것이다(Mayo Clinic Staff, 2022).

정서적 식욕은 스트레스 대처에 대한 방법 중 '정서 중심 대처(emotion-focused coping)'로 분류할 수 있다. 정서중심대처란, 스트레스 상황에서 경험하는 정서 상태에 대응하는 방식을 의미한다(Monat & Lazarus, 1991). 정서적 식욕을 경험하는 많은 사람들이 자신의 문제를 직접 해결하기보다는 음식 섭취를 통해 내면의 정서를 조절하는 방법을 대처 전략으로 선택한다. 해당 문제를 대면하여 해결할 수 없다고 판단했거나 해결하지 않기를 선택했다고 볼 수 있다.

실제로 정서적 식욕은 한국 사회에서 흔한 스트레스 해소법으로 여겨진다. 예를 들어, 백세희 작가의 우울증에 대한 수필인 『죽고 싶지만 떡볶이는 먹고 싶어』(백세희, 2018)의 제목에서 확인할 수 있듯이, 우울감이나 스트레스를 먹는 것으로 해소하는 방식은 많은 사람들이 공감하고 사회적으로 통용되고 있다. 실제 유튜브에 스트레스 먹방을 검색하면 "스트레스 풀 땐 매운 음식이 국룰"(샾잉, 2022), "스트레스 먹방"[7](아미아미, 2023) 등의 콘텐츠를 쉽게 찾아볼 수 있으며, 츄, 아이유 등 많은 연예인들이 연예계 활동으로 인한 스트레스, 다이어트에 대한 압박감으로 폭식증을 경험한 적이 있다고 방송[8]을 통해 공개한 바 있다(정지윤, 2023).

정서적 식욕은 먹방 콘텐츠 소비를 이끄는 원인 중 하나다. 음식 관련 콘텐츠를 소비하는 시청자들은 단순히 보는 것만으로도 행복감을 느낀다(최영준, 2017). 많은 시청자들이 먹방BJ의 콘텐츠를 시청하는 이유에 대해 음식과 식욕을 절제해야 한다는 부담감을 먹방 시청을 통해 해소할 수 있기 때문이라고 설명한 바 있다(Moon et al., 2017). 개인의 정서적 상태에 따라 파급효과가 다르게 나타나기도 하는데, 시청자가 긍정적인 감정을 가진 경우 대리만족을 느끼는데 그쳤지만, 부정적인 감정 상태인 경우에는 식욕이 향상되는 결과를 보이기도 한다(김현필·황금주, 2022).

먹방은 단순히 음식을 소비하는 행위가 아닌, 정서적 욕구를 충족시키는 수단으로 작동한다. 1인 가구가 급증하면서 혼자 밥을 먹을 수밖에 없는 사람들이 먹방·쿡방 프로그램을 보며 소위 '정서적 허기'를 달래고 '함께 먹는' 듯한 유대감을 느낀다는 것이다(김형우, 2015; 나은경, 2015). 이는 음식 자체의 맛이나 냄새보다는 시청자들이 느끼는 감정적 만족감에서 비롯된다. 실제 코로나19 확산 여파로 혼밥, 혼술이 보편화

---

7) [AmiAmi] 아미아미 (2024). ASMR 스트레스 날려버릴 매운라면 김장김치 리얼 먹방 :) (feat신제품) Spicy ramen, Kimchi MUKBANG. [YouTube 동영상]. Retrieved from https://youtu.be/SosHlygkAMs?si=2SQhaogea2IyF57H

8) Play 채널A (2022). 팩폭 주의 '이달소' 츄, 폭식 후에 먹토까지? 스트레스에 취약한 사람들의 특징! | 오은영의 금쪽 상담소 52회. [YouTube 동영상]. Retrieved from https://youtu.be/srmxSQNp5ec?si=bPLT13NX7qpVBZpS

되며 쿡방과 먹방을 소재로 한 프로그램이 확산되었으며, 많은 콘텐츠가 1인 가구의 라이프 스타일에 맞춰 제작된 바 있다(윤용섭, 2020).

이에 먹방 시청은 '정서적 허기(sentimental hunger)' 또는 '정서적 식욕(emotional eating)'을 해소하고 심리적 안정을 추구하고자 하는 현상으로 설명된다(Gould, 2007; 주창윤, 2013; 류웅재, 2015). 굴드(2007)는 '정서적 식욕(emotional eating)'을 스트레스, 불안, 외로움, 우울증과 같은 부정적인 감정을 처리하기 위해 사람들이 사용하는 대처 기제로 설명하였다. 굴드의 설명에 따르면, 먹방 시청은 심리적 공허층(the emptiness layer)을 일시적으로 채우기 위한 무의식적 행동이다. 먹방을 통해 타인의 식사를 시각적으로 소비함으로써 실제 음식을 먹지 않고도 정서적 허기가 일시적으로 충족되는 경험을 하게 되는 것이다(Gould, 2007).

주창윤(2013)은 아무리 먹어도 해결되지 않는, 무기력증이나 욕구불만으로 나타나는 마음의 문제를 '정서적 허기(sentimental hunger)'로, 사회 구성원 다수가 갈증의 배고픔을 겪고 있는 우리 사회를 '허기 사회'라고 진단한 바 있다(주창윤, 2013). 이에 류웅재(2015)는 정서적 허기가 경제적 결핍과 관계적(문화적) 결핍에서 생겨나며 이러한 허기는 배제나 과잉으로 맥락화 된다고 보았다(류웅재, 2015; 장윤재 · 김미라, 2016). 특히 정서적 허기가 커뮤니케이션과 연결의 과잉으로 이어진다는 점에서, 실생활에서 점차 심화되는 관계의 결핍이 먹방 · 쿡방의 시청을 통한 대리 충족이라는 사회적 현상과도 연결될 수 있음을 시사하고 있다(류웅재, 2015).

실제로, 먹방 콘텐츠 이용 동기 중 하나로 정서적 식욕이나 허기가 중요한 부분으로 자리잡고 있다. 먹방은 1인 가구로 대표되는 청년 세대의 생활환경, 특히 혼밥 문화를 반영한 콘텐츠로서 생활고와 고립감,

인간관계에 대한 피로도 등을 투영한 콘텐츠이다. 먹방 콘텐츠는 단순히 청년 세대의 실태를 반영한 콘텐츠를 넘어, 이용자들 간의 유대감을 형성할 수 있는 가상의 공간으로 자리잡았으며, 함께 밥을 먹는 것과 같은 심리적 충족감까지 제공하는 콘텐츠로 진화했다(조은하, 2020). 또한, 실제 먹방 콘텐츠 시청자를 대상으로 이용 동기를 질문한 결과, 대리 폭식을 통한 스트레스 해소, 함께 먹는 것과 같은 유대감 충족 등으로 대표되는 '대리충족'의 동기가 의사사회 상호작용을 통해서 간접적으로 영향을 미친다는 점을 확인할 수 있었다(장윤재 · 김미라, 2016). 즉, 먹방 시청의 중요한 동기 중 하나가 '정서적 허기'의 충족이라고 할 수 있는 것이다.

3 먹방과 일탈행동(deviance)

먹방 콘텐츠에서는 정량을 초과한 음식 섭취가 흔하며, 대다수의 이용자도 많은 양의 음식을 먹기를 기대한다. 먹방에서 비춰지는 폭식과 유사한 형태의 식습관은 최근 섭식장애 환자 증가 추세가 가파른 만큼 간과해선 안 되는 부분이다. 국민건강보험공단의 통계자료에 따르면 최근 5년간(2018~2022) 섭식장애 진료 인원은 2018년 8,321명에서 2022년 1만 2,477명으로 49.9% 증가했다(김춘호, 2023). 섭식장애는 단순히 개인의 심리적, 신체적 원인뿐만 아니라, 현재 처한 상황에 대한 자기비하와 현재의 불평등 상태를 해소할 수 없다는 스트레스가 자기 파괴적인 행위로 나타나는 일탈행동의 한 현상으로 이해할 수 있다. 섭식장애와 먹방 시청의 연관성을 파악하는 연구에서는 신체에 대한 부정적 인식이 큰 사람일수록 먹방을 더 자주 시청했고, 폭식과 같은 증상을 가진 사람일수록 먹방 중독 지수가 높게 나타났다(von Ash et al., 2023).

먹방을 통한 일탈행위를 가장 극단적으로 보여주는 것 중 하나는 만 칼로리 챌린지[9]다. '만 칼로리 챌린지'란, 다이어트를 할 때 치팅데이[10]를 가지는 문화에서 유래한 콘텐츠로, 주기적으로 다이어트를 하거나 먹방 콘텐츠 크리에이터들이 주로 촬영한다. 다이어트 중간 또는 종료 후 그동안의 절식을 보상받는 장면을 촬영하는 것이 보통이지만, 다이어트를 하지 않고도 만 칼로리를 섭취하는 모습을 담은 콘텐츠도 종종 있다. 만 칼로리 외, 이만 칼로리, 삼만 칼로리를 넘겨서 섭취하는 콘텐츠도 존재한다. 하루 또는 일정 시간(6시간, 12시간 등) 많은 양의 음식을 먹는 것은 기본이며, 챌린지를 하는 동안 먹는 모든 음식의 칼로리를 합쳐 얼마나 많이 먹는지를 과시하면서, 극단적인 식행동을 보여주는 대표적인 먹방 콘텐츠로 꼽을 수 있다. '만 칼로리 챌린지'는 다이어트로 인한 스트레스를 분출하는 일탈 행동을 보여준다.

섭식장애는 사회적 일탈행동(social deviance)으로 해석될 수 있으며, 이는 먹방을 통해 재현된다. 사회적 일탈행동이란, 사회에서 정한 규범이나 한계 등을 벗어난 행동을 의미한다. 뒤르켐(Durkheim)은 일탈행동이 지속되는 상태를 아노미(anomie)라고 표현하며, 일탈행동이 그 자체로 잘못된 것이 아니라, 기존 규범과의 충돌 및 이에 대한 사회적 반응

9) 살빼조DietJo (2022). [만칼로리먹방] 다이어트 시작하기 전에 먹고 싶은 거 다~~먹기. 불닭+타코야끼, 뿌링클, 콘소메이징, 스초생, 글레이즈드도넛, 육개장, 청년피자 에그콘+매드쉬림프피자, 엽떡, 딸기초코케이크. [YouTube 동영상]. Retrieved from https://youtu.be/6RBTqrm9L_s?si=K4NjBGKEbwdkeWrr

10) 치팅데이(cheat day)란, 다이어트를 하는 동안 먹고 싶은 것을 참고 있다가 정해진 기간마다 먹고 싶은 음식을 먹는 방법을 의미한다.

에 따라 규정된다고 보았다. 또한, 그는 일탈행동이 사회의 안전장치(safety valve)로 작용하여 사회 결속을 강화한다고 설명했다(Hess et al., 1993).

대표적인 예로, 사람들은 스포츠 경기에 참가하거나 응원을 하며 억눌려왔던 공격성과 경쟁 욕구를 사회적으로 수용 가능한 방식으로 분출한다. 이를 통해 개인은 스트레스를 해소하거나, 다른 사회 구성원 간의 긴장을 완화하는 데 도움을 준다(Coakley & Pike, 2014). 또 다른 예로, 대규모 음악 페스티벌에서는 참가자들이 일상의 규범을 잠시 내려놓고 음악과 춤으로 감정을 분출하며, 집단적 해방감을 경험한다. 이러한 경험은 개인 간의 정서적 유대감을 강화하고, 사회 전체의 긴장을 완화하는 긍정적 역할을 수행한다.

폭식이라는 극단적 일탈행동의 콘텐츠도 사회의 안전 장치로서의 역할을 수행한다. 극단적 먹방에 불편함을 느끼는 시청자가 많고, 댓글을 통해 먹방 유튜버 건강에 대한 걱정을 쉽게 찾아볼 수 있으며, 다이어트 중에 보면 오히려 식욕이 떨어진다는 반응도 있다(미소, 2024). 이러한 불편감은 사회적으로 폭식이 자기 파괴적인 행위이자, 자기 혐오에 기인한 행동임을 인지하고 있다는 것으로 연결될 수 있다. 일부 챌린지 콘텐츠 중에는 폭식 이후 자신의 인바디와 몸무게가 어떻게 변화하는지 알려주기도 한다. 이를 통해 폭식의 위험성, 과도한 칼로리 섭취의 위험성에 대한 경각심 또한 전달한다. 이처럼 먹방은 폭식이라는 일탈행동을 콘텐츠화하여 시청자들에게 폭식의 위험성과 부정적 영향에 대한 경각심을 일깨우고, 건강한 식습관의 중요성을 다시 한번 강조하기도 한다. 더 나아가 다이어트와 식이조절로 억눌려온 욕구를 간접적으로 해소하는 창구를 제공함으로써 사회적 안전장치 기능도 수행할 수 있다.

즉 먹방은 단순한 오락적 요소를 넘어 사회적 안전장치로 기능하며, 일탈 행동을 관리하는 역할을 수행할 수도 있다. 사회는 특정 행동을 일탈로 규정하면서도, 이를 완전히 억압하기보다는 안전한 방식으로 표출될 수 있도록 다양한 통로를 마련해왔다. 먹방 역시 그러한 역할을 할 수 있는 것으로 보인다. 현실에서 과도한 폭식은 건강을 해치는 행위로 금기시되지만, 온라인에서 이를 간접적으로 체험하면서 개인은 자신의 욕구를 해소하고, 동시에 자제력을 강화하는 계기를 가질 수 있다. 또한, 이러한 콘텐츠는 폭식의 부정적 영향을 강조하면서 사회적 규범을 재확인하는 기능도 수행할 수 있다.

그러나 모든 먹방이 이러한 기능을 수행하는 것은 아니다. 과도한 폭식을 조장하거나 자극적인 콘텐츠를 통해 잘못된 식습관을 형성하게 하는 경우도 존재한다. 따라서 시청자는 단순한 흥미를 넘어 먹방 콘텐츠가 자신의 식습관과 건강 인식에 미치는 영향을 주체적으로 판단할 필요가 있다. 결국, 먹방이 긍정적인 역할을 하기 위해서는 콘텐츠 제작자의 책임감과 시청자의 비판적 수용 태도가 함께 이루어져야 하며, 이를 통해 개인과 사회 모두에게 유익한 미디어 소비문화가 정착될 수 있을 것이다.

4 먹방과 대리 경험(vicarious experience)

심리학자 반두라(Bandura)는 사회 학습 이론(social learning theory)

을 통해 사람들이 타인의 행동을 대리 경험(vicarious experience)할 수 있고, 그 결과의 관찰을 통해 대리 강화(vicarious reinforcement)를 경험하며, 학습하고 행동을 수정할 수 있다고 설명한다. 즉, 개인이 직접 행동하지 않아도 타인의 경험을 통해 유사한 만족감이나 동기를 경험하게 된다는 것이다(Bandura, 1977). 이러한 맥락에서 대리 경험은 타인의 행동을 관찰함으로써 자신이 직접 그 경험을 한 것처럼 만족감이나 즐거움을 느끼는 심리적 현상으로 이해할 수 있다.

버거(Berger)는 경험뿐 아니라 감정 또한 관찰을 통해 습득할 수 있다고 설명한다. 대리 감동(vicarious emotion)이란, 다른 사람들의 감정적 반응을 통해 동일한 감정을 습득하는 것을 의미한다(Berger, 1962). 먹방을 시청하며 우리는 등장인물이 먹는 모습을 통해 행복해하는 모습을 보게 되고, 이를 통해 직접 먹지 않아도 대리 자극(vicarious arousal)을 경험하게 되는 것이다.

대리 경험을 강화하는 요인 중 하나로는 '자기 관련성'이 있다. 이는 스포츠 경기를 시청함으로써 느끼는 대리 경험을 통해 쉽게 설명할 수 있다. 우리는 스포츠 경기를 보며 선수의 승리와 성취에 열광하는데, 선수와 나 사이에 일체감과 '자기 관련성'을 크게 느낄수록 대리 경험은 커진다. 다시 말해, 미디어 콘텐츠의 일부 또는 전부를 자신과 관련지어 경험하는 단계를 거치면서, 시청하는 콘텐츠가 관련이 깊다고 느낄수록 더욱 몰입하게 되고(Lazarus, 1994), 이러한 몰입감이 대리 경험의 강화로 이어지는 것이다.

다양한 유형의 먹방 콘텐츠 중 시청 영상을 선택할 때도 본인의 취향과 시청 목적 등 '자기 관련성'이 주요하게 작용한다. 다이어트를 하는 사람일수록 치팅 데이 먹방에 더욱 큰 대리만족을 느낄 것이며, 야식 먹방 또한 주로 야식을 자주 먹거나, 현재 야식을 먹고 싶은 사람일수록 시청을 통해 경험하는 만족감 또한 클 것이다. 새로운 음식에 대한 탐색을 원하는 사람들은 이에 걸맞는 먹방을 주로 시청한다. 먹방 콘텐츠와 자신의 관련성이 자연스럽게 배양되는 것이다.

먹방을 통해 이루어지는 준사회적 상호작용(parasocial interaction)은 시청자와 등장인물 간의 친밀도를 높여 대리만족을 강화한다(Strand & Gustafsson, 2020). 준사회적 상호작용이란, 미디어를 통해 보는 유명인, 정치인 등에 대해 시청자가 개인적인 친밀감이나 관계를 쌓는 현상을 의미한다(Horton & Richard Wohl, 1956). 전통적 미디어가 아닌 SNS상의 인물과도 준사회적 상호작용이 이루어지며, 실제 유튜브 영상을 많이 시청하는 사람일수록 유튜브 속의 등장인물과의 상호작용을 중요시하는 특성을 보인다(Kurtin et al., 2018).

특히 먹방은 준사회적 상호작용이 활발히 이루어지기 위한 조건을 갖추고 있다. 먹방 콘텐츠가 주로 업로드 되는 유튜브에서는 일상을 공유하는 영상이 많으며, 먹방에서는 실제 식사라는 일상적인 행동을 공유한다. 나아가 슈퍼챗 등을 통해 실제 금전적인 기부를 하기도 하며 댓글이나 실시간 채팅창 등을 통해 소통이 이루어지는 만큼 유튜버 개인과의 상호작용이 강해진다. 예를 들어, 특이한 간식을 만들고 먹는 것으로 유명한 유튜브 채널 '이상한 과자가게'는 종종 댓글을 통해 의뢰가 들어온 간식을 조리, 먹어보는 콘텐츠를 자주 올린다(이상한 과자가게, 2024). 먹방 유튜버들은 먹고 싶은 메뉴를 같이 고르기도 하며, 실시간으로 맛평가, 먹는 방식 제안 등이 이루어져 함께 먹는 기분을 느끼게 한다.

즉 먹방 콘텐츠는 등장인물의 특성과 상황의 유사성을 바탕으로 한 높은 자기 관련성과 준사회적 상호작용 등을 바탕으로 대리 경험을 이끈다. 특히 시청자는 화면 속 인물의 즐거운 식사 모습을 통해 자신의 욕구와 감정을 대리 체험하며, 현실에서는 맛보지 못하는 다양한 미각적 즐거움을 간접적으로 경험한다. 이러한 경험은 단순한 오락을 넘어 개인에게 심리적 위안과 정서적 충족감을 제공하여, 일상 속 스트레스 해소와 자기 위안의 역할을 한다. 더 나아가 시청자들은 흔히 접하지 못하는 식생활을 먹방을 통해 대리만족 함으로써 즐김의 욕구 또한 충족한다.

5 먹방과 헤테로토피아(heterotopia)

푸코는 공간을 '주체의 문제를 가늠하기 위해 중요한 것'이라고 설명하며 현실 세계의 공간, 유토피아, 헤테로토피아 세 가지 유형으로 구분한다(Foucault, 2023; Foucault & Defert, 2009). 유토피아는 현실에 존재하지 않는 경험할 수 없는 이상향을 의미한다면, 헤테로토피아는 현실 사회에 존재하면서도 이상향이 실현되는 장소로 규정할 수 있다. 헤테로토피아는 '쾌락'과 '일탈'의 판타지가 실현되는 공간이며, 주체는 이곳에서 '사적 자유'를 경험한다(김분선, 2017).

푸코는 박물관, 서커스, 축제 등의 공간을 헤테로토피아의 대표적인 예로 언급한다. 박물관에는 한 공간내에 다양한 시간이 공존하며, 어떤 문화에 대한 보편적 아카이브를 구축하고자 하는 시도의 공간이다. 서커스는 한시적으로 존재하는 헤테로토피아로서 현실과 별개의 시간과 공간을 구축하려는 시도가 이루어진다(Foucault & Defert, 2009; 한희정 · 장은미, 2017).

이러한 공간의 특성은 현실 공간을 표상하면서도, 현실과 경쟁하고, 현실을 반전시키며, 그 과정에서 과도기적 공간을 만들어내게 된다는 특성을 가지고 있다(신세인 · 이준기, 2022). 정상준(2015)은 디즈니랜드의 속성을 푸코의 헤테로토피아에 적용하였다. 디즈니랜드가 단순한 오락 공간을 넘어, 현실과 환상이 결합된 특별한 장소로서 방문객들에게 일상에서 벗어난 경험을 제공하는 헤테로토피아적 공간이라고 설명한다.

헤테로토피아의 원칙은 총 여섯가지로 정리할 수 있다. 첫째, 헤테로토피아는 '타자의 공간'으로서 기능 및 형식 차원에서 일상적인 공간과 차이가 있다. 둘째, 시간의 흐름과 사회의 변화에 따라 같은 헤테로토피아라도 전혀 다른 방식으로 작동할 수 있다. 셋째, 헤테로토피아는 하나의 장소에 서로 양립 불가능한 복수의 공간이나 배치를 나란히 구현할 수 있다. 넷째, 헤테로토피아는 전통적인 시간과 단절되어 있다. 외부 사회와의 일정한 관계 유지를 통해 사회에 참여하고 반성과 비판의 역할을 한다. 다섯째, 헤테로토피아는 열림과 닫힘의 체계를 전제한다. 마지막으로 헤테로토피아는 모든 공간에 이의제기를 한다. 헤테로토피아 내에 잘 정돈되고 완벽한 현실을 만들어냄으로써 실제 현실을 부정하는 것이다(Foucault, 2002, 2023; 이빙아 · 한창완, 2024; 한희정 · 장은미, 2017).

가상의 공간, 온라인의 공간 또한 헤테로토피아가 될 수 있는지에 대한 논의가 있으나, 현실 세계의 일상성이나 규범에 따른 행동으로부터 벗어나 새로운 정체성을 가지는 것이 가능하며, 현실 공간과 차별화되고, 기존 공간에 대한 이의제기가 가능하다는 측면에서 '일탈의 헤테로토피아'(heterotopia of deviation)로 작동한다고 할 수 있다(Lin & Yang, 2020). 이러한 관점에서 먹방 콘텐츠가 생산 · 소비되는 온라인 플랫폼 속의 공간도 일탈의 헤테로토피로서의 속성을 담고 있다.

먹방 콘텐츠를 통해 경험하는 헤테로토피아는 내가 아닌 화면 속의 '타자'가 되는 간접 경험을 통해 대리만족을 선사한다. 푸코는 헤테로토피아를 거울에 비유하며, 현실과 모순적이지만 중첩된 공간으로 설명한다. 사람들은 마치 거울을 보는 것처럼 헤테로토피아를 통해 자신을 타자화해 보게 된다는 것이다(Foucault, 2008). 다이어트를 하거나, 억압된 식습관을 가지고 있던 일상적인 공간과는 달리 이곳에서는 자유롭게 원하는 것 이상으로 먹을 수 있다. 시청자는 먹방 유튜버의 폭식과 과식을 보면서 화면속에 자신을 투영해 타자화해보게 된다.

일탈의 헤테로토피아 속에서 시청자는 먹방을 통해 새로운 식생활을 경험하며 일상공간에서의 나를 성찰하게 된다. 푸코는 헤테로토피아를 통한 '주체의 재형성(reforming)'이 결국 일상으로의 복귀를 가능하게 한다고 설명한다(Foucault, 2023). 먹방을 통해 대리 경험한 극단적 식습관은 자유로운 일탈의 즐거움을 주지만 동시에 일상적 식사 규칙과의 긴장감을 형성하게 된다. 극단적 식습관을 보며 대리만족을 경험하거나 폭식 행동을 타자화해 보며, 기존의 식습관을 정당화하거나 재평가하는 재인식의 과정을 가지게 될 수 있다.

먹방은 마치 박물관이 다양한 유물을 통해 방문자의 다층적인 취향을 충족시키듯, 서로 다른 욕구와 필요를 지닌 시청자들을 위한 여러 형태의 콘텐츠가 공존하는 '헤테로토피아'로 볼 수 있다. 새롭고 신기한 음식을 추구하거나, 폭식과 과식을 즐기거나, 소통과 유대감을 원하는 시청자 등 각기 다른 동기와 관심을 지닌 이들이 자신의 욕구에 맞는 먹방 콘텐츠를 선택해 시청할 수 있다는 점에서, 박물관의 기능과 유사한 역할을 수행한다. 크리에이터들은 자신의 평소 식습관과 섭취에 대한 이상향을 다양한 형태로 구현하며, 이용자들은 자신의 취향에 맞는 콘텐츠를 선택해 소비한다.

특히 먹방 콘텐츠를 소비하는 과정에서 폭식이라는 일탈행동과 다이어트라는 양립할 수 없는 두 가치가 동시에 공존한다. 이처럼 상충되는 두 세계 속에서, 시청자는 타자화된 행동을 보고 자신이 욕망과 절제 사이에서 어떻게 이동할지 고민하게 된다. 그 중 일부는 자기성찰을 통해 균형을 찾으며, 다른 일부는 폭식하는 모습을 그대로 모방해 과식을 부추기는 계기가 되기도 한다.

즉 일탈의 헤테로토피아 속에서 먹방 콘텐츠는 박물관이 제공하는 다양한 유물 경험처럼, 서로 다른 결과를 초래할 수 있다. 박물관에서 방문자가 다채로운 전시물을 통해 자신만의 해석을 내리고 새로운 관점을 얻는 것처럼, 먹방을 통해 시청자는 한편으로는 자기성찰이나 자기배려의 계기를 얻을 수 있지만, 또 다른 한편으로는 폭식을 모방하며 일탈적 행동을 강화하는 경험을 할 수 있다. 이렇듯, 두 가지 상반된 결과가 동시에 발생하는 공간이 바로 먹방 콘텐츠가 제공하는 일탈의 헤테로토피아이다.

또한 먹방 시청자는 다이어트를 하고 있는 사람, 혼자 밥을 먹기 외로운 사람, 음식에 대한 정보를 얻고자 하는 사람 등 각기 다른 목적과 욕구를 가진 사람들이 한 공간에 모여 동일한 콘텐츠를 소비하는 장면이 펼쳐진다. 이럴 때, 먹방은 물리적 공간을 넘어서는 '다른 현실'을 제공하며, 댓글과 실시간 채팅을 통해 시청자들이 준사회적 상호작용을 통해 소통하고 새로운 관계망을 형성하는 장으로 변모한다. 이러한 점에서 먹방 공간은 푸코가 말한 헤테로토피아처럼 일상적 규범에서 벗어나 독특한 의미를 창출하며 다층적인 사회적 경험을 만들어낸다.

즉 먹방은 물리적 거리를 초월하여 다양한 욕구와 목적을 지닌 시청자들이 한 공간에 모여 상호작용하는 '다른 장소'가 된다. 각기 다른 현실에 속해 있으면서도 같은 콘텐츠를 즐기는 이들은 댓글과 실시간 채팅을 통해 준사회적 관계망을 형성하며, 그 속에서 새로운 의미와 공동체성을 구축한다. 이렇게 서로 다른 현실들이 교차하고 공존하는 특징도 먹방이 헤테로토피아적 성격을 담고 있는 부분이다.

현실세계와 분리된 듯한 먹방 헤테로토피아는 외부 세계의 변화에 따라 변화하는 특성을 가진다. 먹방은 다양한 유행이 반영돼 진화하는 특성을 보이는데, 새로운 음식의 유행뿐 아니라 사회적 흐름에 따라서도 변화한다. 호감형 식당이나 망해가는 식당에 유명 먹방 유튜버가 가서 '돈쭐'[11] 내주는 먹방, 직접 요리를 하는 쿡방과 접목된 먹방 등이 그 예이다.

이처럼 먹방 콘텐츠는 기존의 이상적인 몸에 대한 규범과 건강한 식습관이라는 가치관과는 차별적인 세계를 형성한다. 먹방을 통해 우리는 일상생활의 스트레스를 해소하고, 식이에 대한 욕구를 대리만족을 통해 충족한다. 대량의 음식 섭취를 통해 현재의 배고픔을 미루기도 하며, 현실의 호기심을 충족시키고, 더 나아가 먹방을 통해 새로운 식습관이 형성되기도 한다. 먹방에는 다양한 이유로 먹방을 시청하는 사람들이 함께 소통하며 그들만의 세계를 구축한다. 먹방의 세계에선 기존의 규범과 달리 고칼로리의 음식을 다량 섭취하는 것이 당연시되지만 현실세계의 규범을 파괴하진 않는다. 여전히 등장인물은 날씬하기를 기대받고 시청자 또한 먹방 시청 후 현실 세계에서 목표로 하는 신체를 가

11) '돈'과 '혼쭐내다'를 합친 말로, 경제적 보상을 통해 응원하거나 지지하는 의미를 가진 신조어이다.

지기 위해 노력한다. 먹방을 즐길 때의 자아와 현실세계의 자아는 분리되어 있는 것이다.

푸코는 '자기 배려'가 자신과 타인, 세계에 대한 보편적 태도라고 정의한다. '자기 배려'는 3가지로 정리할 수 있는데, ① 자신과 타인, 세계에 대한 일반적인 태도, ② 외부로부터 내부로 시선을 이동시켜 나의 생각과 사고에 집중하는 것, ③ 자기 돌봄, 자기 정화, 자기 변용을 위한 일련의 실천적 행동이 그것이다(Foucault, 2007; 정규영, 2021). 헤테로토피아는 주체가 '자기 배려'를 자각하게 하는 공간으로, 헤테로토피아에서의 쾌락과 일탈의 경험은 주체로 하여금 불안을 경험하게 하는데, 이 불안을 통해 '자기 배려'를 깨닫게 되는 것이다(김분선, 2017).

먹방 헤테로토피아에서 주체는 폭식이라는 자기 파괴적인 일탈 행동을 통해 대리만족을 경험한다. 하지만, 건강한 신체 유지라는 사회적 규범과 일탈 행동 사이의 긴장 속에서 폭식의 위험성을 깨닫고 등장인물과 자신의 신체 사이의 괴리를 경험하며 다시금 건강한 신체 유지라는 자기 배려의 필요성을 인식하게 되는 것이다. 즉, 먹방은 단순히 개인의 스트레스와 식행동에 대한 일탈행동의 콘텐츠화를 넘어서 자기 배려의 공간으로도 작동하는 것이다.

실제로 먹방 유튜브 댓글 분석에서 "먹어주세요", "맛있겠다" 등의 반응과 함께 자신을 대신해서 음식을 과식, 폭식해주는 유튜버의 건강을 걱정하는 댓글들이 많이 발견되었다(안순태 · 임유진 · 이하나, 2020). "부럽지 않다", "걱정된다" 등의 반응은 일탈행위로서 과식과 폭식을 대신해주는 먹방 유튜버를 통해 폭식의 위험성을 자각하고 자기배려의 필요성을 인식하는 과정으로 볼 수 있다. 폭식과 과식 장면과 관련하여 "힘들어 보인다", "너무 안쓰럽다" 등의 댓글은 외부로부터 내부로 시선을 이동시켜 생각과 사고에 집중하게 되는 헤테로토피아적 요소를 담고 있다.

이처럼 먹방 콘텐츠는 단순한 일탈의 공간을 넘어, 주체가 자신의 식습관과 신체를 성찰하며 자기 배려를 인식하는 장으로 작동할 수도 있다. 폭식을 통해 대리만족을 경험하지만, 동시에 건강한 신체 유지에 대한 사회적 규범과의 긴장을 통해 자기 돌봄의 필요성을 깨닫게 될 수도 있기 때문이다. 먹방은 현실과 이상의 경계에서 주체의 재형성을 가능하게 하는 현대적 헤테로토피아로 기능하고 있지 않은지 사회학적 관점에서 논의와 연구가 요청된다.

결론적으로, 사회학적 관점에서 먹방을 돌아보면 가상 음식지형 속에서 정서적 식욕과 일탈이 일어나고 이를 통해 대리 만족을 얻는 헤테로토피아로 설명될 수 있다. 헤테로토피아는 현실과 분리되면서도 현실을 반영하는 공간으로, 사회적 규범이 다르게 작동하는 특수한 장소를 의미한다. 먹방은 현실 세계에서 용인되기 어려운 폭식이나 과식이 하나의 콘텐츠로 소비되는 공간으로 기능하며, 일탈적 행동이 허용되는 동시에 규율화되는 장치가 된다. 이 안에서 시청자는 사회적 금기를 넘어선 행위를 간접적으로 경험하면서도, 건강과 절제라는 기존 규범을 재확인하게 된다. 결국, 먹방은 욕망이 표출되고 조절되는 헤테로토피아적 공간으로 작동하며, 시청자의 태도에 따라 일탈의 허용과 규범의 강화라는 두 가지 상반된 기능을 수행할 수 있는 곳이 아닐까 한다.

CHAPTER 8

먹방에 대한 문화심리학적 고찰

1 한국 문화와 음식 철학

발렌타인데이의 초콜릿이나 빼빼로데이의 과자 등은 특정 음식과 결부된 기념일로, 현대 마케팅 전략이 만들어낸 소비문화의 산물이다. 그러나 한국에서는 특정 날에 음식을 먹는 문화가 오랜 전통 속에서 자연스럽게 형성되어 왔다. 설날의 떡국, 추석의 송편, 동지의 팥죽, 정월 대보름의 오곡밥과 부럼깨기 등은 단순한 기념식품이 아니라 각 명절과 계절의 의미를 담아 공동체적 유대를 강화하는 역할을 해왔다. 미국에서도 추수감사절에 칠면조 요리를 먹고 크리스마스에 에그노그(eggnog)를 마시는 등 몇 가지 사례가 있지만, 한국처럼 명절과 절기에 따라 먹는 특별한 음식 문화가 다양하게 자리 잡혀 있지는 않다.

이러한 한국 음식 문화의 전통을 한국에서 먹방 문화가 발달한 배경과 관련하여 살펴보고자 한다. 먹방은 단순한 음식 섭취를 넘어, 시청자와 감정을 공유하고 소통하는 매개체로 작용하며, 한국인의 음식 공유 문화와 정서적 유대감을 반영하는 독특한 콘텐츠로 발전해 왔기 때문이다. 우리의 음식 문화 속에 담긴 특징과 의미를 되돌아보면, 한국에서 시작된 먹방이 국경을 넘어 전 세계로 퍼져나가면서 어떻게 소비되고 있는지 이해할 수 있을 것이다. 특히, 전통적인 명절 음식의 공동체적 의미와 먹방의 소통 방식이 결합하면서, 먹방은 단순한 개인적 경험을 넘어 글로벌한 음식 문화 콘텐츠로 자리 잡아가고 있다.

다양한 문화 중에서도 음식 문화는 특정 집단과 국가의 정체성을 규정하는 핵심 코드이다(정혜경, 2015). 예로부터 우리나라 문화에서 음식은 생존수단의 기능을 담당할 뿐 아니라 관계와 공동체를 형성하는 중요한 매개체였다. "한솥밥 식구"라는 표현에서 볼 수 있듯, 음식을 함께 나누는 행위는 공동체의 상징적 가치로, 가족이라는 개념과 깊이 연결되어 있다. 가족을 나타내는 말이 식구(食口)인 것처럼, 한국인에게 밥상을 같이 한다는 것은 가족이 된다는 것을 의미한다(정혜경, 2015). 한국의 전통적인 사회 구조에서 밥을 함께 먹는 것은 사람들 간의 유대감을 증진하는 중요한 역할을 해왔다.

'정(情)'으로 대변되는 한국인의 밥 철학은 현대의 먹방 문화에서도 중요한 영향을 미치고 있다. 먹방은 1인 가구가 증가하고 고독감을 느끼는 사람들이 많아지면서, '정'을 나누는 '밥 친구'로서 기능하고 있기 때문이다. 비록 물리적으로 함께 먹지는 않지만, 화면을 통해 먹는 행위를 공유하는 것만으로도 사람들은 감정적 유대감을 형성하고, 사회적 소속감을 느끼는 경험을 할 수 있다. 이는 1인 가구의 증가와 개인주의적 사회 경향 속에서 중요한 의미를 갖는다.

먹방 크리에이터와 시청자들은 한국의 전통적인 식사 문화의 영향을 받으면서도, '혼자 먹기' 문화와 결합되어 새로운 형태의 가족 혹은 공동체를 만들어 나가고 있다. 이러한 상호작용은 음식을 매개로 한 사회적 연대를 새롭게 정의하며, 한국 전통문화의 현대적 변용을 보여준다. 시청자들은 크리에이터와 가상의 식탁을 공유하며 정서적 유대감을 형성하고, 혼밥 문화 속에서도 소속감을 느낄 수 있다. 또한, 먹방 콘텐츠는 단순한 식사 장면을 넘어, 음식의 의미와 스토리를 전달하며 공감을 이끌어내는 중요한 매개체로 작용하고 있다.

정혜경(2015)의 분석에 따르면, 전통사회에서 음식은 '권력', '약(藥)', '정(情)', '기원(祈願)'이라는 네 가지 문화적 코드로 작용했다. 특히 주목할 만한 것은 '정'의 측면으로, 이는 한국 음식문화의 강한 공동체성과 직결된다. 한 상에서 이루어지는 개인과 공동의 미묘한 균형에서도 이를 확인할 수 있다. 밥과 국은 개인의 영역으로, 찌개와 반찬은 공동의 영역으로 설정되는 독특한 구조는 한국 음식 문화의 공동체적 성격을 잘 보여준다.

이러한 공동체성은 음식의 생산과 소비 전반에 걸쳐 더욱 뚜렷하게 나타난다. 벼농사를 중심으로 한 농경 문화는 필연적으로 협동 노동을 필요로 했고, 이는 '두레'나 '품앗이'와 같은 노동 공동체의 발달로 이어졌다. 이러한 노동의 과정에서 음식은 단순한 영양 공급을 넘어 공동체의 유대를 강화하는 중요한 매개체로 기능했다. '새참'이라는 문화는 노동과 음식, 공동체가 어떻게 긴밀하게 연결되어 있었는지를 보여주는 예다(최민지, 2022; 김초록, 2016).

새참은 한국의 전통적인 노동 문화에서 비롯된 개념으로, 일하는 도중에 잠시 쉬면서 먹는 간식이나 가벼운 식사를 의미한다. 주로 농촌에서 농번기에 농사일을 하다가 오전과 오후 중간중간 쉬는 시간에 새참을 먹곤 했다. 단순한 허기를 채우는 것뿐만 아니라 함께 일하는 사람들 간의 유대감을 강화하는 역할도 했다. 현대에 와서는 농촌뿐만 아니라 건설 현장, 공장 등에서도 새참 문화가 이어지는 경우가 있다. 외국의 공사현장에서도 노동자들이 커피브레이크나 간식을 즐기긴 하지만, 한국처럼 모두가 함께 같은 음식을 나누어 먹으며 공동체 의식을 형성하는 '새참'과 같은 문화는 드물다.

특히 새참은 단순히 배고픔을 채우는 행위를 넘어, 함께 둘러앉아 음식을 나누며 소통하는 과정 자체가 특징이다. 과거 농촌에서 새참은 단순한 식사가 아니라, 함께 노동하는 사람들 사이의 유대감을 형성하는 중요한 소통의 장이었다. 논밭에서 일을 하다가 다 함께 둘러앉아 음식을 나누며 하루의 고됨을 풀고, 서로의 안부를 묻거나 농사 정보를 공유하는 시간이 되었다. 오늘날 공사현장에서도 새참 문화는 여전히 남아 있어, 노동자들이 쉬는 시간에 간식을 나누며 서로 대화를 나누고 협업을 강화하는 역할을 한다. 이는 단순한 에너지를 보충하는 것을 넘어, 공동체 내의 소통과 결속을 다지는 한국적 음식 문화의 중요한 요소라 할 수 있다.

김장 문화도 이러한 공동체성이 집약된 대표적 사례다. 김치는 그 제작 과정에서 마을 공동체의 협동이 필수적이었다. 구성원들은 김장을 통해 지식과 경험을 공유하고, 상호 부조의 네트워크를 형성했다. 김장을 마친 후에는 함께 만든 김치를 나누어 먹으며 유대감을 다졌고, 이러한 공동의 식사 경험이 공동체를 더욱 끈끈하게 만들었다. 음식을 나누는 과정 자체가 공동체 문화의 핵심 요소로 작용하며, 김장은 단순한 노동이 아니라 사람들을 연결하는 중요한 사회적 행사였다.

한국문화에서 밥을 나눈다는 것은 단순한 음식 섭취 이상의 의미를 가진다. '밥 한 끼 같이 하자'라는 표현이 단순한 식사 제안을 넘어 친밀감을 표현하는 방식으로 사용되는 것처럼, 밥을 나누는 행위는 관계의 깊이를 더하는 중요한 요소로 작용한다. 이는 단순한 음식 공유가 아니라 상호 신뢰와 정을 나누는 행위로 이해될 수 있다. 먹방에서도 이러한 공동체성이 반영되어, 시청자들은 크리에이터와 함께 밥을 먹는 듯한 경험을 하며 정서적 유대감을 느낀다. 결국, 먹방은 단순한 1인 미디어 콘텐츠를 넘어, 전통적인 밥상 문화가 디지털 환경에서 재해석된 현대적 공동체 형성 방식이라 할 수 있다.

2 정서적 교류와 한국의 의례음식

한국의 전통적인 음식 문화는 강한 공동체성이라는 특징을 보여준다. 특히 공동체적 성격은 생산, 조리, 소비의 전 과정에서 나타나는 핵심적 가치로, 이는 오늘날까지도 한국인의 식문화를 이해하는 중요한 맥락을 제공하며, 현대의 먹방 문화를 이해하는 데도 중요한 시사점을 제공한다. 이러한 한국의 공동체적 음식 문화는 깊은 정서적 교류의 토대가 되었다. 특히 음식 나눔 문화나 함께 요리하는 문화는 단순한 공동체 의식을 넘어 정서적 유대를 형성하는 매개체로 기능했다.

정서적 교류는 특히 의례음식을 통해 구체화되었다. 출산 시에는 미역국으로 산모의 노고를 위로했고, 생일에도 미역국을 먹는 전통이 깊게 자리 잡고 있다. 미역은 길고 부드러운 식물로 오래 살고 건강하라는 의미를 담고 있어 산모의 건강 회복을 돕고, 생일에 미역국을 먹음으로써 앞으로의 건강과 무병장수를 기원하는 뜻도 있다. 이와 마찬가지로, 아이가 태어난 후 백일과 첫돌에는 건강과 장수를 기원하며 특별한 음식을 마련했다. 백일잔치에서는 수수경단을 만들어 액운을 막고 아이의 건강을 기원했으며, 돌잔치에서는 백설기와 다양한 떡을 준비해 아이가 앞으로 밝고 건강하게 성장하기를 바랐다. 이러한 의례음식은 단순한 먹거리를 넘어, 가족과 공동체가 함께 기쁨을 나누고 아이의 미래를 축복하는 중요한 의미를 지녔다.

물론 미국의 추수감사절에 칠면조 요리를 먹는 등 다른 나라에서도 특별한 날 먹는 특별한 음식들이 있기는 하지만 우리 문화만큼 세세하고 구체적으로 나뉘어 있지는 않다. 설날의 떡국은 새해의 희망과 가족의 건강을 기원하는 마음을, 추석의 송편은 수확의 기쁨과 감사의 정을 담는다. 그리고 동지의 팥죽은 액을 물리치고 가족의 안녕을 바라는 부모의 마음을 표현한다. 정월 대보름에는 무병장수를 빌며 땅콩, 호두 잣 등 견과류를 먹으며 '부럼깨기'를 한다(〈그림 8-1〉).

즉 한국의 전통문화에서는 음식이 단순한 식사가 아니라 기원과 소망을 담는 중요한 매개체로 여겨져 왔다. 삼복더위에는 삼계탕을 먹으며 원기를 보충하고, 정월 대보름에는 오곡밥과 나물을 먹으며 풍요와 건강을 기원한다. 이러한 문화는 음식을 통해 공동체의 정서를 나누고, 계절과 인생의 의미를 되새기는 중요한 역할을 하며 오늘날까지도 지속되고 있다. 어린이날에는 아이들을 위해 특별한 간식을 준비하는 등, 각 명절과 기념일마다 음식이 중요한 역할을 하며 전통과 가치를 전승하는 수단이 되어왔다.

먹방 콘텐츠에서도 이러한 한국의 전통적인 음식 문화가 자주 등장하며, 단순한 음식 섭취를 넘어 문화적 의미를 전달하는 역할을 한다.

크리에이터들은 설날에 떡국을 먹으며 새해 덕담을 나누거나,[1] 추석 특집으로 송편[2]을 빚으며 가족의 의미를 되새긴다. 또한, 동지에는 팥죽을 먹으며 액운을 막는 전통을 소개하는 등, 먹방은 현대적 미디어 환경 속에서 한국 고유의 음식 문화를 재해석하고 확산하는 중요한 창구가 되고 있다.

그림 8-1 추석 송편, 설날 떡국, 동지 팥죽, 정월 대보름 부럼[3]

1) tzuyang쯔양 (2025). 떡국 10그릇 먹으면 10살 먹나요? 새해 떡국 10그릇 도전 먹방. [YouTube 동영상]. Retrieved from https://youtu.be/zngViIh42ok?si=8uuStNYHVjOEkLrX

2) 호주사라 HojuSara (2019). 외국인 여자 추석 행복하게 보내는 방법! 목동 맛집 송편 떡집!. [YouTube 동영상]. Retrieved from https://youtu.be/G2kKJIiZXIA?si=1_Ma_533YqUE7oKd

3) https://www.gettyimagesbank.com/view/오색송편/a13080969?pc_ver=y; https://www.gettyimagesbank.com/view/떡국/a13086931?pc_ver=y; https://www.gettyimagesbank.com/view/죽-한식-팥죽-팥-동지-겨울-한식-아시아음식-식사/jv12217265?pc_ver=y; https://www.gettyimagesbank.com/view/fresh-organic-walnuts-in-your-hand/1313217623?pc_ver=y

3 현대 사회 정서적 교류와 음식

한국 전통사회에서 음식을 통한 정서적 교류는 현대에도 다양한 형태로 이어지고 있다. 이사 온 새 이웃에게 떡을 돌리는 정겨움은 아파트의 보편화로 많이 사라졌지만 여전히 이어지고 있다. 이사하거나 새로운 사업을 시작하는 등 새출발을 축하하며 음식을 나누는 것은 좋은 일에 대한 공유와 공동체 정신을 반영한 문화이다. 새로운 집으로 이사하면 가래떡이나 백설기를 나누며 이웃과 인사를 나누고, 개업이나 사업 시작을 축하할 때는 떡과 과일을 준비해 손님과 함께 나누는 전통이 있다.

수능시험 날 엿이나 찹쌀떡을 선물하며 합격을 기원하는 것도 다른 나라에서는 찾아보기 힘든 풍습이다. 엿은 시험에 꼭 합격하라, 시험에 붙어라의 의미이고, 찹쌀떡도 합격에 착 달라붙는다의 의미로 시험을 앞둔 수험생에게 선물하는 음식이다. 합격과 붙다라는 의미가 연결되면서 자연스럽게 응원 문화로 자리를 잡은 것으로 보인다.[4)]

결혼식에는 국수를 먹으며 오래오래 행복하라는 의미를 담는다. 국수 면발이 길고 끊기지 않는다는 점에서 부부의 인연이 오래 이어지길 기원하는 의미가 있고 "국수를 먹는다"라는 표현이 결혼식을 의미할 정도로 일반대화에서도 사용된다. 과거에는 많은 하객들에게 간편하면서도 빨리 제공할 수 있는 음식으로 사용되었고, 조선시대부터 혼례 후 신

4) KBS News (2024). "라떼는 엿이 진리였는데"…수능 선물 변천사 [경제콘서트] /KBS 2024.11.14. [YouTube 동영상]. Retrieved from https://youtu.be/5o1OdABtHqI?si=I8I3yKRbHDsfzdZW

랑 신부가 국수를 나누어 먹는 풍습도 있었다고 한다(박경희, n.d.).

한국의 제사 음식은 고인을 추모하고 가문의 전통을 이어가기 위한 중요한 역할을 한다. 전통적으로 제사상에는 밥, 국, 나물, 전, 탕, 적(구운 고기), 생선, 과일, 떡, 한과 등 정갈한 음식들이 올려지며, 각 음식은 특정한 의미를 지닌다. 밥과 국은 기본적인 식사의 형태를 갖추기 위해 올려지고, 나물과 전은 계절과 지역에 따라 달라지지만 조상을 위한 정성을 표현하는 요소로 여겨진다. 과일과 떡은 조상의 공덕을 기리고 자손들의 번영을 기원하는 의미를 담고 있다.

그 외에도 소셜미디어의 발달과 함께 생일 날 케이크 상품권 등을 보내며 소중한 사람의 생일을 챙기고 아픈 동료에게 죽을 선물하는 따뜻한 마음은 여전히 우리 사회에서 음식이 정서적 소통의 중요한 매개체임을 보여준다. 한국사회에서 카카오톡 등 소셜미디어를 활용하여 선물하기가 보편화되었고 그 중 음식이 차지하는 비중이 매우 높다. 특히 카페·음료·커피와 치킨·야식, 백화점·마트, 케이크가 높은 순위를 차지하고 있다(김경희, 2024; 이윤재, 2018).

한국의 전통적 식문화가 지닌 공동체성과 정서적 교류의 특성은 현대 사회에서 새로운 형태로 변용되고 있다. 1인 가구의 증가, 디지털 기술의 발달, 글로벌화 등 사회 구조의 변화 속에서 전통적 식문화의 가치는 다양한 방식으로 재해석되고 있는 것이다. 주목할 만한 변화는 함께 먹는 방식의 변화다. 전통적인 '밥상 공동체'가 해체되고 1인 가구가 증가하며 '혼밥' 문화가 확산되었지만, 이를 보완하는 새로운 형태의 공동체성이 나타나고 있다. 먹방을 포함한 다양한 미디어 콘텐츠는 시청자들에게 가상의 식사 동반자 역할을 하며, 실시간 채팅과 댓글을 통해 새로운 형태의 식사 공동체를 형성한다.

또한 음식 나눔 문화의 디지털화가 이루어지고 있다. 기존의 음식 나눔 전통은 기프티콘이나 배달앱 선물하기 기능을 통해 새로운 형태로 구현되고 있다. 배달 시간이 단축되고 디지털 기술이 발달하면서 직접 만나지 않아도 선물이나 나눔이 매우 용이해진 덕에, 음식으로 소중한 사람을 응원하고 지지하는 방법이 다각화된 것이다. 특히 젊은 세대 사이에서는 음식 선물이 일상적 소통의 중요한 수단으로 자리잡았다. 커피나 디저트류부터 배달 음식 상품권이나 과일 혹은 육류 선물세트[5]까지 의미에 따라 선택할 수 있는 종류와 가격대도 무궁무진하다. 비록 직접적인 대면 없이 이루어지는 소통이지만, 음식은 여전히 정서적 교류와 관계 강화의 매개체로 기능하고 있다.

더불어 시간과 공간의 한계가 사라진 온라인 공간을 바탕으로 사람들은 음식을 매개로 새로운 형태의 커뮤니티를 형성한다. 온라인 커뮤니티를 통한 맛집이나 요리 정보 공유나 먹방을 포함한 일상 브이로그를 생산하고 시청하는 행위 등은 전통적 공동체성이 디지털 환경에서 재현되는 방식으로 볼 수 있다. 며느리에게만 전해준다는 음식 비법은 옛말이 되었지만, 모든 익명의 사용자들이 잠재적 정보를 주고받는 요리 및 식사 동료가 된다.

이러한 변화는 한국 전통 식문화의 지속과 변용을 동시에 보여준다. 비록 형식은 변화하더라도, 음식을 통한 관계 형성과 정서적 교류라는 본질적 가치는 새로운 방식으로 구현되고 있는 것이다. 이는 한국의 전통 식문화가 지닌 가치가 현대 사회의 맥락에서도 여전히 유효하며, 새로운 형태로 진화하면서 지속되고 있음을 보여준다. 우리를 둘러싼

5) 카카오톡 선물하기에는 '맛있는 선물' 카테고리가 있다. 축산부터 과일, 디저트, 간편식까지 다양한 음식을 구입, 선물할 수 있다.

환경은 변화하고 있지만 우리는 아직도 음식을 통해 교류하고 소통하며, 연결되고 있는 것이다.

4 혼밥, 혼술, 그리고 먹방

한국에서 도시화가 빠르게 진행된 1960년대 이후, 전통적인 대가족 구조가 핵가족 형태로 전환되면서 식사 공간과 시간, 그리고 방식에도 큰 변화가 일어났다. 좁은 주거 공간을 지닌 아파트라는 새로운 주거 형태가 확산됨에 따라, 여러 반찬과 공용 식기가 오가는 전통 상차림이 간소화되었고 이웃 간 음식 나눔 문화도 이전처럼 활발하지 않게 되었다. 특히 1인 가구의 급증은 식사 문화 전반에 결정적인 영향을 미쳤다.

1인 가구가 많아지면서 '혼밥' 문화가 확산되었는데, 한국식품커뮤니케이션포럼(2023) 조사에 따르면 국내 성인 10명 중 5명이 하루 한 끼 이상 혼밥을 하는 것으로 나타났고, 2024년 2월 기준으로 전체 식사의 절반이 혼밥이라는 통계도 있다(오픈서베이, 2024). 서울시 먹거리 통계 조사(2020)에 따르면, 응답자의 69.2%가 일주일에 한 번 이상 혼밥을 했으며, 일주일 평균 혼밥 횟수는 2.33회로 조사되었다. 혼밥을 선택하는 주된 이유는 '함께 먹을 사람이 없어서'(72.3%), '시간이 없어서'(37.7%) 등이었지만, 젊은 세대로 갈수록 '내가 좋아하는 음식을 먹고 싶어서'(32.4%), '나만의 식습관을 지키고 싶어서'(10.3%) 등의 적극적 이유가 늘어나는 추세다.

먹방은 1인 가구 증가와 혼밥 문화 확산 속에서 새로운 사회적 식사 경험을 제공하는 역할을 하고 있다. 혼밥이 일상화되면서 식사를 단순한 생존 행위가 아니라 심리적 만족과 사회적 연결의 수단으로 삼으려는 욕구가 커지고 있다. 이러한 변화 속에서 먹방은 혼밥의 외로움을 해소하고, 가상의 식사 동반자로서 정서적 유대감을 형성하는 기능을 한다. 특히, 실시간 방송이나 댓글을 통해 시청자들이 먹방 크리에이터와 소통하면서 마치 함께 식사하는 듯한 경험을 할 수 있어, 혼밥이 주는 고립감을 완화하는 역할을 한다.

특히, 혼밥을 즐기는 사람들에게 먹방은 단순한 정보 제공을 넘어 음식 선택의 폭을 넓히고, 식사의 기대감을 높이는 역할을 한다. 새로운 음식이나 트렌드를 접할 기회가 적은 혼밥족에게 먹방은 대리 체험의 창구가 되어, 간접적으로 다양한 맛을 경험하고 다음 식사를 계획하는 데 영향을 미친다. 먹방은 다양한 음식 리뷰와 추천을 제공함으로써 혼밥족이 새로운 메뉴를 탐색하고 식사의 즐거움을 더욱 풍부하게 느낄 수 있도록 돕는다. 즉 먹방은 개인화된 식문화 속에서도 음식에 대한 사회적 경험을 공유할 수 있는 디지털 커뮤니티의 역할을 수행하며, 혼밥의 한계를 보완하는 문화적 현상으로 자리 잡고 있다.

혼술(혼자 술 마시기)의 확산도 주목할 만하다. 과거에는 술자리가 사교나 모임을 위한 장으로 여겨지는 경우가 많았으나, 최근에는 혼자만의 시간에 음주를 즐기는 혼술 분위기가 형성되었다. 박지원(2022)은 코로나19 이후 Z세대가 "무엇이든 혼자 즐기는 문화"에 익숙해졌다고 지적한다. 실제로 2명 이하가 앉을 수 있도록 구성된 테이블이나 바 테이블을 마련해 둔 가게들이 늘고 있는데, 이러한 환경은 '혼자라서 어색하다'는 감정을 줄이고 오히려 "자유롭게 술과 대화를 즐길 수 있는 공간"으로 받아들여진다.

먹방이 혼밥족에게 사회적 연결감을 제공하는 것처럼, 혼술 문화에서도 먹방은 중요한 역할을 한다. 혼술을 하는 사람들은 먹방을 보며 마치 누군가와 함께 술을 마시는 듯한 분위기를 경험하고, 크리에이터가 술과 안주를 즐기는 모습을 통해 간접적인 동질감을 느낀다. 특히, 술과 음식의 조합을 소개하는 콘텐츠는 혼술족이 새로운 안주를 시도하거나 색다른 음주 스타일을 탐색하는 데 도움을 준다. 또한, 실시간 채팅이나 댓글을 통해 시청자들이 서로 추천을 주고받으며 소통하기도 하면서, 먹방은 단순한 영상 소비를 넘어 혼술 문화를 확장하고 개인화된 음주 경험을 보다 풍부하게 만드는 매개체로 작용하고 있다. 대표적인 혼술 먹방 크리에이터로는 '대평이 Daepyeong'[6](약 71만)가 있다. 그는 다양한 음식에 술을 한잔 곁들이는 컨셉을 통해 혼술 먹방을 진행하고 있다.

한국에서 술을 마신다는 것은 단순한 음주 행위를 넘어, 누군가와 이야기를 나누며 소통하는 중요한 사회적 경험으로 여겨져 왔다. 그러나 혼술 문화가 확산되면서 대화 상대 없이 홀로 술을 마시는 시간이 늘어나, 외로움이나 정서적 단절감을 느끼는 경우도 많아지고 있다. 이러한 점에서 먹방은 혼술의 부족한 요소를 보완하는 역할을 한다. 먹방 크리에이터가 술을 마시며 음식과 분위기를 설명하고, 시청자들과 실시간으로 소통하는 과정은 마치 함께 술자리를 나누는 듯한 경험을 제공한다. 이를 통해 혼술족은 단순한 음주를 넘어 사회적 연결감을 형성하고, 술을 마시는 본래의 즐거움을 보다 풍부하게 느낄 수 있다.

먹방은 단순한 음식 방송을 넘어, 현대 사회에서 혼밥과 혼술이 확산되는 흐름 속에서 중요한 사회적 역할을 수행하고 있다. 혼자 식사하

6) 대평이 Daepyeong (2021). [YouTube 동영상]. Retrieved from https://youtube.com/channel/UCua-PoEDpV3pN8CZhRCZJuw?si=o2uraiZdOYp6LDwy

거나 술을 마시는 문화가 보편화되면서, 먹방은 고립감을 해소하고, 가상의 동반자로서 정서적 유대감을 형성하는 창구가 되고 있다. 크리에이터와의 소통, 음식과 술에 대한 정보 제공, 그리고 시청자들 간의 교류를 통해 먹방은 개인화된 식문화 속에서도 사회적 경험을 공유할 수 있는 디지털 커뮤니티의 기능을 하며, 현대적 문화 현상으로 자리 잡고 있다.

CHAPTER 9

먹방 시청에 대한 방송학적 고찰

1 먹방 시청에 대한 이용과 충족

먹방은 하나의 독립된 콘텐츠 장르로 자리 잡고 있다. 초기에는 단순한 온라인 스트리밍의 하위 콘텐츠로 여겨졌으나, 현재는 다양한 유형으로 세분화되어 제작되며 그 범위와 영향력이 확대되고 있다. 먹방이 지속 가능한 독립 장르로 정착할 수 있었던 이유 중 하나는 인간 내면에 자리한 본능적 욕구에 소구하며, 대리 만족, 감각적 즐거움, 정서적 교류 등을 충족시키고 있기 때문일 것이다. 즉 먹방을 시청하는 행위가 단순히 타인의 식사를 관찰하는 것이 아니라 상호작용을 통해 외로움을 완화할 뿐만 아니라, 심리적 안정과 즐거움을 주며 더 나아가 현대사회에서 결핍된 사회적 관계를 보완하는 매개체로서 기능하고 있다.

방송학적 관점에서 이러한 현상을 '이용과 충족' 이론이 설명한다. 이용과 충족 이론(use and gratifications theory)은 사회·심리적 요인이 욕구를 형성하고, 이것이 미디어나 다른 정보원에 대한 기대를 만들어 미디어 이용 패턴으로 이어진다고 본다. 시청자의 욕구와 개인적 특성에 따라 시청 동기가 달라지며, 이러한 서로 다른 시청 동기는 시청 후 만족감과 시청자에게 각기 다른 영향을 미친다(Katz et al., 1973). 이러한 시청 동기에 대한 이해는 우리가 왜 먹방을 소비하는지, 현대인에게 숨겨진 욕구와 결핍이 무엇인지, 그로 인한 영향과 변화는 무엇인지 알게 해준다.

시청 동기는 미디어 이용과 충족 이론의 핵심 변인으로, 미디어 이용과 결과의 관계를 밝히는 연구에 폭넓게 적용되어 왔다. 초기 전통 미디어인 텔레비전, 라디오, 신문 등의 이용 동기를 분석하기 위해 사용되었으며, 대표적인 시청 동기로는 오락, 정보 추구, 시간 때우기, 현실 도피, 감각 자극, 상호작용 등이 제시되었다(박은주·조경섭, 2020). 이후 디지털 미디어 환경이 확산되면서, 이용과 충족 연구는 온라인 콘텐츠 소비로 확장되었고, 특히 유튜브, SNS, OTT 서비스 등의 뉴미디어 플랫폼에서 이용 동기가 어떻게 변화하는지 분석하는 연구가 활발히 이루어졌다. 최근 연구에서는 개인화된 콘텐츠 추천 알고리즘, 실시간 상호작용 기능, 멀티모달 콘텐츠 경험 등이 새로운 충족 요인으로 부각되고 있으며, 시청자의 능동적 콘텐츠 선택과 생산자와의 상호작용이 이용 동기의 핵심 요소로 작용함이 밝혀지고 있다.

특히 도구적 시청(instrumental viewing)과 의례적 시청(ritualistic viewing)은 미디어 이용 방식의 두 가지 유형으로, 시청자의 동기와 목적에 따라 구분된다. 도구적 시청은 특정한 정보를 얻거나 학습을 목적으로 능동적으로 미디어를 소비하는 방식으로, 시청자가 콘텐츠를 선별적으로 선택하고 집중하는 경향이 강하다. 반면, 의례적 시청은 습관적으로 미디어를 소비하거나 배경 소음처럼 활용하는 경우로, 오락적 동기나 시간 보내기, 정서적 안정 등의 목적을 포함한다.

먹방과 관련하여, 도구적 시청자는 특정 음식의 조리법을 배우거나 맛집 정보를 탐색하는 목적으로 먹방을 시청하며, 이는 소비 행동이나 요리 실습과 직접적으로 연결될 가능성이 높다. 예를 들어, 해외 시청자가 한식 먹방을 보며 음식 문화를 학습하거나, 다이어트를 위해 건강식 먹방을 참고하는 경우가 이에 해당한다. 반면, 의례적 시청자는 감각적 즐거움, 심리적 안정, 습관적인 오락 목적으로 먹방을 소비하는 경향이 있다. 스트레스를 해소하거나 혼자 식사할 때 외로움을 달래기 위해 먹방을 틀어놓는 경우가 대표적이다(안순태 · 이지윤, 2021)

이용과 충족이론 관점에서 먹방 이용 동기를 살펴보면 ① 오락 및 즐거움 ② 현실도피와 스트레스 해소 ③ 정보탐색 ④ 대리 충족 ⑤ 정서적 교류 등으로 나눌 수 있다. 주시할 점은 각각의 시청 동기는 상호 배타적이지 않으며, 개인의 상황과 심리적 상태에 따라 복합적으로 작용할 수 있다는 것이다.

예를 들어, 시청자가 스트레스를 해소하기 위해 먹방을 시청하면서 동시에 특정 음식에 대한 정보를 얻거나, 오락적 요소를 즐기는 경우도 많다. 또한, 같은 시청자라 할지라도 시간대나 감정 상태에 따라 먹방을 이용하는 동기가 달라질 수 있어, 먹방 콘텐츠는 단일한 목적이 아니라 다양한 욕구를 충족시키는 다층적 미디어 경험으로 기능한다. 즉 각각의 시청동기가 중복되거나 순차적으로 연결되어 있고, 본 장에서는 이를 각각 나누어 살펴보고자 한다.

2 먹방을 통한 오락 및 즐거움

먹방은 시각적·청각적 자극을 극대화한 앤터테인먼트 콘텐츠이다. 먹방의 시각적 자극(음식의 색감과 조합), 청각적 자극(씹는 소리, ASMR 효과), 폭식 또는 맛 표현 방식 등이 시청자의 쾌락적 동기(hedonic motivation)를 충족시키는 핵심 요소로 작용한다. 특히, 음식 탐색 욕구(food exploration)와 감각적 자극 욕구(sensory stimulation needs)가 강한 시청자일수록 먹방을 더 자주 시청하며, 반복적인 시청을 통해 충족감을 얻는 것으로 나타났다(Mattes, 1997).

특히 먹방 유튜버의 개성 있는 먹는 방식, 표현력, 유머 요소가 결합되면서 단순한 식사 영상이 아닌 하나의 오락 콘텐츠로 발전했다. 예를 들어 '[상윤쓰] Sangyoon'(약 202만) 채널은 크리에이터의 익살스러운 표정과 재치 있는 입담으로 시청자들에게 즐거움을 주고 있으며, 'Zach Choi ASMR'(약 3,240만) 채널은 요리 제작 과정을 빠르고 리드미컬하게 ASMR로 담아 쇼츠[1)]를 제작함으로써 시청자들에게 감각적인 즐거움을 선사한다.

이처럼 먹방에서는 크게 두 가지 즐거움이 작용한다. 하나는 크리에이터의 특성과 매력에서 오는 즐거움이고, 다른 하나는 먹방 장르가 지닌 '식사 소리'가 주는 즐거움이다. 음식을 씹고 삼키는 소리, 음료수 캔이나 음식 포장을 여는 소리 등 크리에이터가 내는 다양한 소리는 시

1) Zach Choi ASMR (2025). Best of Zach Choi Foods | MUKBANG | COOKING | ASMR. [YouTube 동영상]. Retrieved from https://youtu.be/sOW1mrFH3Jk?si=CoykZzPme5iLNuRy

청자에게 독특한 만족감을 준다. 특히 ASMR 먹방을 통해 구현되는 이러한 청각적 요소는 시청자들에게 안도감, 이완감, 즐거움과 진정 효과를 제공하며, 이는 지속적인 시청으로 이어진다. 또한 먹방 크리에이터가 보여주는 요리 과정과 일상적 경험 공유가 시청자들에게 재미를 준다. 실제 음식 섭취보다는 먹는 소리 자체에 더 큰 관심을 보이기도 하며, 먹방이 선사하는 감각적 만족과 재미를 통해 시청자들은 오락적 욕구를 충족한다.

먹방은 다른 오락 콘텐츠와 차별화된 감각적 즐거움을 제공하는 독립적인 장르로 자리 잡았다. 기존 오락 콘텐츠가 주로 이야기 구조, 경쟁 요소, 또는 시청자의 참여를 통해 재미를 유발하는 반면, 먹방은 음식 자체의 시각적 아름다움과 조리 과정, 그리고 섭취 소리(ASMR 효과) 등을 통해 감각적 몰입을 극대화한다. 특히, 먹방은 출연자의 개성과 자연스러운 반응이 즉흥적으로 드러나면서 리얼리티와 즉각적인 오락성을 제공하는 것이 특징이다.

또한, 비언어적인 요소만으로도 충분한 즐거움을 줄 수 있어, 언어 장벽 없이 글로벌 콘텐츠로 확산되기 용이하다. 시청자들은 먹방을 통해 맛에 대한 상상력을 자극받고, 음식의 질감과 소리를 실감 나게 경험하며 감각적 쾌감을 극대화할 수 있다. 기존 오락 콘텐츠보다 진입장벽이 낮고, 누구나 쉽게 공감할 수 있는 '음식'이라는 보편적인 주제를 다룬다는 점도 먹방만의 강점이다. 특히, 폭식형 먹방, 미식 탐방, 요리 과정 공유 등 다양한 하위 장르가 형성되면서 개인의 취향에 맞춘 즐거움을 제공한다. 즉 먹방의 다양한 형식 자체가 색다른 즐거움과 감각적 자극을 제공한다. 예를 들어 유튜브 크리에이터 '유노(약 57만)'는 제한된 시간 내 특정 음식을 다 먹는 도전 먹방을 진행하며, 이를 통해 긴장감과 재미를 극대화한다. 대왕 점보라멘, 점보카레우동 등으로 도전 먹방[2]을 보여주면서 단순한 식사 영상이 아닌 극적인 요소들을 강조하며 하나의 놀이 문화로 먹방 콘텐츠를 구성한다.

먹방 콘텐츠는 국내뿐만 아니라 해외에서도 엔터테인먼트 요소가 강조된 형태로 발전하고 있다. 해외 크리에이터들은 대형 음식 도전이나 극한의 먹방을 통해 더욱 강한 시각적·감각적 자극을 제공한다. 예를 들어, 미국의 유명 크리에이터 '매트 스토니(약 1,640만)'는 초고속 먹방과 대량 음식 도전 콘텐츠로 인기를 끌고 있다. 일본에서는 'Yuka Kinoshita 木下ゆうか(약 523만)'와 같은 크리에이터들이 일본 특유의 다양한 음식 문화와 결합한 엔터테인먼트 먹방을 제작한다.

이처럼 먹방은 단순한 식사 영상에서 출발했지만, 점점 더 다양한 오락적 요소를 결합하며 진화하고 있다. 크리에이터들은 유머러스한 연출, 도전적인 콘텐츠, 실시간 소통을 통해 먹방을 하나의 놀이 문화로 발전시켰다. 또한, 일부 먹방은 음식과 게임, 코미디 요소를 결합하여 더욱 다채로운 엔터테인먼트 경험을 제공하고 있다. 이러한 요소들은 시청자들이 단순히 음식을 감상하는 것을 넘어, 적극적으로 몰입하고 참여할 수 있도록 돕는다.

---

2) 유노-Yuno (2024). 성공자 '0명' 한국에서 가장 양 많은 도전먹방 6.5kg 초대형 카레우동 20분 안에 다 먹으면 200만원. [YouTube 동영상]. Retrieved from https://youtu.be/t35aLB92Rbo?si=oV3NtnddZItSnYkG

3 먹방을 통한 현실 도피와 스트레스 해소

시각적, 청각적, 감각적 즐거움과 관련되지만, 먹방을 통한 현실 도피는 조금 다른 시청 동기이다. 장기 불황과 무한경쟁, 불행과 좌절감이 확산되는 가운데, 청년 세대는 먹방·쿡방을 보며 잠시 현실을 잊고 소소한 사치를 통해 위로와 위안을 받는다. 한국인의 일상과 (무)의식에는 만성적 피로감과 허기, 근원적 외로움이 잠재되어 있다. 그리고 이로부터의 탈주와 위안을 갈망하는 사회적 욕망이 먹방 시청에 고스란히 드러난다(류웅재, 2015).

특히 한국인들이 먹방에 끌리는 주요 이유 중 하나는 스트레스 해소다. 한국인들은 빠르고 경쟁적인 삶에서 오는 스트레스를 먹방 시청을 통해 완화한다(Hakimey & Yazdanifard, 2015). 또, 체중 증가에 대한 죄책감과 스트레스를 먹방 시청으로 해소한다(Bruno & Chung, 2017). 또한, 늦은 밤에 지루하거나 배고픈 청소년들도 먹방을 보며 현실에서 벗어나려 한다(Kircaburun et al., 2021).

즉 먹방은 단순한 오락적 즐거움을 넘어, 현대 사회에서 스트레스를 해소하는 중요한 도피처로 기능한다. 직장인들은 업무 압박과 사회적 스트레스를 잊기 위해 먹방을 시청하며 대리 만족을 느끼고, 학생들은 학업 부담에서 벗어나기 위한 탈출구로 먹방을 소비한다. 예를 들어 쯔양(약 1,170만)이나 히밥(약 167만)과 같은 유튜버들의 먹방 영상은 대량의 음식을 빠르게 먹는 모습으로 이 과정에서 스트레스를 해소할 수 있도록 돕는다.

현실의 불만족스러운 상황에서 벗어나고 싶은 사람들에게 먹방은 심리적 탈출구가 되기도 한다. 바쁜 일상과 경제적 부담으로 인해 직접 여행을 떠나기 어려운 사람들은 '여행 먹방' 콘텐츠를 통해 간접적으로 세계 각국의 음식을 경험하며 일상의 스트레스를 해소한다. 예를 들어, '스트리트푸드파이터'와 같은 콘텐츠는 세계 곳곳의 길거리 음식과 전통 요리를 소개하며, 시청자들이 마치 여행을 떠난 듯한 기분을 느끼도록 돕는다. 이러한 영상은 현실을 잠시 잊게 해주고, 새로운 문화와 맛을 경험하는 듯한 만족감을 제공한다. 이와 유사한 온라인 먹방으로는 '곽튜브(약 207만)', '여행가 제이 Jay world traveler(약 76만)', '예또세상 Yeddo World(약 31만)' 등 여행 유튜버의 영상 중 하나의 장르로써 인기를 얻고 있다.

또한, 고가 음식 먹방은 일상에서 쉽게 접하기 어려운 고급 요리를 간접적으로 경험할 수 있는 기회를 제공한다. 예를 들어, 미슐랭 레스토랑 방문 콘텐츠는 시청자들에게 대체 경험을 선사하며, 현실의 제약에서 벗어나 화려한 미식 세계를 즐길 수 있도록 한다. 경제적 부담 없이 최고급 음식을 감상하는 경험은 시청자들에게 만족감과 대리 여행의 즐거움을 동시에 제공하며, 일상의 스트레스에서 벗어날 수 있는 하나의 방법이 된다. 대표적 온라인 먹방으로는 '더들리(약 97만)'가 있으며 다양한 이용과 충족의 욕구는 상호 배타적인 개념이 아니라 동시에 발생할 수 있다. 예를 들어, 현실 도피와 스트레스 해소가 이용 동기가 될 수 있으며, 이 과정에서 대리 경험을 통해 충족감을 느낄 수도 있다.

다이어트를 하거나 식이 제한을 두고 있는 사람들에게도 먹방은 스트레스 해소의 도구가 된다. 먹방에는 다양한 음식이 등장하며, 직접 음식을 섭취하지 않더라도 시청자들은 먹는 소리(ASMR)와 생생한 표현을 통해 먹지 못하는 스트레스를 해소할 수 있다. 특히, 다이어트 중인 사람들은 고칼로리 음식을 먹는 영상을 보면서 자신은 먹지 않더라도 마치 먹은 듯한 만족감을 느끼며 스트레스를 해소한다.

4 먹방을 통한 정보탐색 동기

먹방은 시청자들의 정보 탐색 동기를 충족하는 역할도 한다. 먹방을 통해 새로운 음식의 종류, 맛, 조리법, 식당 정보 등을 습득하며, 이는 직접적인 소비 결정에도 영향을 미친다. 특히, 미식 탐방형 먹방은 특정 지역의 대표 음식과 숨은 맛집을 소개함으로써 외식 선택에 실질적인 가이드를 제공한다.

또한, 요리 과정이 포함된 먹방은 레시피를 쉽게 따라 할 수 있도록 도와주며, 음식의 조리법과 재료 활용법을 직관적으로 학습할 수 있는 기회를 제공한다. 미식 탐방형 먹방 채널로는 '찐푸드 JJin Food'(약 308만), '요미야미 Yummy Yammy'(약 242만), '푸디랜드 FoodieLand'(약 219만), '끼룩푸드 seagull food'(약 149만) 등이 있다. 이들은 길거리 음식부터 각 지역의 맛집까지 다양하게 소개하며, 댓글을 통해 한국인은 물론 외국인 시청자들도 많이 시청하는 것을 확인할 수 있다.

레시피 공유 채널의 대표적인 사례로는 '1분 요리 뚝딱이형'(약 299만), '자취요리신 simple cooking'(약 211만) 등이 있다. 이 채널들은 음식의 재료, 분량, 조리 방법 등을 상세히 설명한다. 댓글에는 자취생활 중 요리를 따라 해본 경험부터 가족들에게 요리를 해주고 받은 칭찬 후기까지, 다양한 시청자들의 요리 도전기를 확인할 수 있다.

또한, 먹방 크리에이터들은 특성 제품을 비교하거나 리뷰하는 형식을 통해 식품 브랜드에 대한 소비자들의 인식과 선택을 돕는 역할을 한다. 먹방의 이러한 정보 제공 기능은 단순한 맛 평가를 넘어, 소비자의 구매 결정 과정에서 참고 자료로 작용한다. 따라서 먹방은 단순한 감각적 즐거움을 넘어서, 음식 정보 탐색과 실질적인 소비 행동을 유도하는 중요한 미디어 콘텐츠로 기능하고 있다.

정보탐색 동기가 강한 시청자일수록 먹방을 통해 음식의 기원, 맛 평가, 조리 과정 등의 세부 정보를 습득하고, 이를 실제 소비 행동으로 연결하는 경향이 높다. 특히, 미식 탐방형 먹방 콘텐츠는 특정 지역의 맛집과 음식 문화를 소개하며, 시청자들은 이를 관광 및 외식 선택에 적극적으로 활용한다. 또한, 먹방은 레시피를 직접 시연하는 형식을 통해 음식 조리법을 쉽게 습득할 수 있는 학습 도구로 작용하며, 이는 요리 초보자들의 정보 탐색 욕구를 충족시키는 중요한 요인으로 분석되었다 (박수현, 2019).

먹방의 정보 탐색 효과는 식품 브랜드와 제품 리뷰 콘텐츠에서도 두드러지게 나타난다. 먹방을 활용한 제품 리뷰는 기존 광고보다 소비자의 신뢰도가 높으며, 구매 의도에 직접적인 영향을 미친다. 특히, 음식 리뷰 콘텐츠에서 크리에이터의 신뢰성과 친숙도가 높을수록 시청자의 정보 탐색 만족도와 구매 연계 가능성이 증가하는 것으로 나타났다. 이러한 연구들은 먹방이 단순한 감각적 즐거움을 제공하는 것을 넘어, 실질적인 음식 소비 및 조리 과정의 정보 제공 플랫폼으로 기능하며, 소비자 행동과 의사결정 과정에서 중요한 역할을 수행한다는 점을 시사한다.

5 먹방을 통한 대리 충족

먹방은 대리 경험(vicarious experience) 효과를 제공하는 미디어 콘텐츠이다. 직접 음식을 맛보지 않더라도, 비주얼, 조리 과정, 섭취하는 소리(ASMR) 등을 통해 음식의 질감과 맛을 상상하며 간접적인 만족감을 경험하는 것이 가능하다. 시청자들은 현실에서 쉽게 접하기 어려운 음식(예: 해외 요리, 고급 레스토랑 메뉴, 한정판 음식)에 대한 대리 체험 욕구가 강하게 나타나며, 이를 충족시키기 위해 먹방을 적극적으로 소비한다. '허팝 Heopop'의 고급 요리를 즐기는 먹방 영상[3)]은 249만회의 조회수를 기록했으며, 'Nick DiGiovanni · 닉 디지오바니'(약 2,390만)가 $10,000의 스테이크를 먹는 영상[4)]은 2,195만회의 조회수를 기록했다.

또한, 먹방은 단순한 음식 소개가 아니라 식사 문화와 사회적 맥락을 경험하는 수단으로 작용하며, 해외 시청자들은 한국 먹방을 통해 한식 문화와 음식 예절을 간접적으로 체험하기도 한다. 예를 들어, 한국의 김치, 삼겹살, 떡볶이 먹방을 본 해외 시청자들은 해당 음식을 접할 기회가 많지 않음에도 불구하고, 먹방을 통해 음식의 조리법과 먹는 방식을 익히며 한식에 대한 이해도를 높인다. 특히, 한국의 '한 상 차림', '공동 반찬 공유', '젓가락 사용법' 등과 같은 식문화 요소들이 먹방을 통해

3) 허팝Heopop (2018). 4시간 동안 먹는 1억짜리 식사를 먹어보았습니다! 세계최고 미슐랭3스타 7명이 직접 요리해줌! – 허팝 (I ate $100000 meal for four hours). [YouTube 동영상]. Retrieved from https://youtu.be/szTe8daAXwU?si=TmCnjwbkDqZSpQwA

4) Nick DiGiovanni·닉 디지오바니 (2023). $1 스테이크 vs $10,000 스테이크. [YouTube 동영상]. Retrieved from https://youtu.be/EV4lSoVulSM?si=S3b-vkV-EwuZ9orH

자연스럽게 노출되면서, 해외 시청자들이 한국의 식사 예절과 전통적인 식습관을 간접적으로 경험하는 계기가 된다. 이러한 경험은 한류(K-컬처) 콘텐츠의 확산과 맞물려 해외에서 한식에 대한 관심과 소비를 촉진하는 요인으로 작용하고 있으며, 실제로 먹방을 접한 후 한식을 찾아 먹거나 직접 조리해보는 사례가 증가하고 있다(황윤재, n.d.).

또한 다이어트 중이거나 특정 음식 알레르기가 있는 사람들은 먹방을 통해 제한된 음식 섭취 욕구를 대체 만족하는 경향을 보이며, 이는 심리적 보상(psychological reward)과도 연관이 있다. 이러한 대리 경험 효과는 단순한 시청 만족감을 넘어 실제 소비 행동으로도 연결될 가능성이 높다. 예를 들어, 음식의 희소성이 높은 경우(예: 고급 요리, 특정 지역의 전통 음식), 먹방을 본 후 해당 음식을 직접 경험하고자 하는 소비 욕구가 증가한다. 나아가, 먹방 크리에이터의 개성 있는 음식 소개와 실감 나는 표현은 시청자의 기대감을 증폭시켜, 새로운 음식 소비 트렌드 형성과 마케팅 전략에도 중요한 영향을 미치고 있다.

즉 대리 경험은 먹방의 주요 시청 동기로, 이는 먹방 초기의 '대식'과 '과식' 형태, 인간의 기본적 욕구인 '식욕', 그리고 이상적인 몸에 대한 사회적 고정관념과 밀접하게 연관되어 있다. 이코노미스트(2015)는 한국의 푸드 쇼가 남성들을 주방으로 이끌고 있다고 분석하며, 이러한 프로그램의 성공 요인으로 다이어트 압박에 시달리는 사람들의 '대리적 폭식(vicarious gluttony)' 욕구 충족을 지목했다(장윤재 · 김미라, 2016). 또한 경제 불황으로 인한 불행감과 제대로 된 식사를 하기 어려운 이들에게 시각적 연회를 제공하는 대리적 충족이 주요 요인이라고 설명했다. 건강하고 아름다운 몸을 최우선으로 여기는 웰빙과 루키즘(lookism) 문화 속에서, 다이어트를 하는 사람들(특히 여성)이 먹방 · 쿡방 프로그램을 통해 '대리 폭식(vicarious gluttony)'으로 스트레스를 해소하고 사회적 억압에서 벗어나려 한다는 것이다(장윤재 · 김미라, 2016).

대리만족을 위한 시청의 경우, 실제로 해로운 음식을 섭취하지 않으면서도 포만감과 심리적 안정을 얻을 수 있다는 점이 주요 시청 동기가 된다. 대리만족은 먹방 콘텐츠의 고유한 특성이자 시청의 주요 예측요인이다. 시청자들은 먹방을 통해 대리만족을 얻을 때 해당 콘텐츠에 더욱 호의적인 태도를 보이며, 특히 '고가의 음식'이나 '자국에서 구하기 어려운 음식'을 보여주는 것이 시청자의 대리적 만족감을 높이는 데 효과적이다(Song, 2023).

대리적 식사 경험은 먹방 시청의 가장 특징적인 이용과 충족이다. 시청자들은 먹방을 보며 음식에 대한 흥분을 느끼고, 진행자가 자신이 원하는 음식을 먹는 모습을 통해 만족감을 얻는다. '마법적 식사 판타지(magical eating fantasy)(Kircaburun et al., 2021)', 즉 원하는 만큼 먹어도 살이 찌지 않는다는 인식이 자리 잡고, 시청자들은 먹방을 통해 폭식의 만족감을 얻으며, 일부는 먹방 진행자를 자신의 대리인으로 삼아 식사 판타지를 충족한다. 일부 연구는 먹방을 푸드 포르노나 음식 관음증(food voyeurism)과 유사한 현상으로 보며, 시청자들이 진행자의 특정 음식 섭취와 대량의 고칼로리 음식 섭취 장면, 시청각적 자극(씹는 소리, 음식 클로즈업 등)을 통해 더 강한 만족감을 얻는다고 설명한다(Kircaburun et al., 2021).

특히 억압된 식욕의 간접적 해소와 대리만족을 위해 인터넷 먹방이 선호되는 경우가 많다(김혜진, 2015). 체중 증가와 비만에 대한 극심한 두려움은 신체를 왜곡되게 인식하게 하고, 심각한 경우 실제로는 저체중임에도 비만이라 여겨 식사를 거부하는 상황으로도 이어진다. 식욕 억

제를 강요받는 사람들이 음식에 대한 욕구나 식욕을 죄악시할수록, 이에 대한 대리 충족의 욕구는 더욱 커진다고 한다. 대리 충족이라는 먹방 시청 동기가 정신적, 신체적 건강에 미치는 영향과 그에 대한 예방책을 지속적으로 논의해야 하는 이유이다.

6 먹방을 통한 정서적 교류

먹방은 1인 가구의 증가, 혼밥 문화, 그리고 밥에 대한 한국의 사회문화적 의미와 관련하여 시작되었다. 학업, 직장, 가족 해체 등으로 인해 혼자 식사하는 사람들이 급증하면서, TV 속 음식과 출연자들을 통해 '정서적 허기'를 달래고 '함께 먹는' 듯한 유대감을 느낀다(장윤재 · 김미라, 2016). 주창윤(2013)은 실생활에서 심화되는 관계의 결핍이 먹방 · 쿡방 시청을 통한 대리 충족으로 이어지는 현상을 설명한다.

먹방의 세부 장르인 '쿡방' 역시 이러한 정서적 허기와 밀접하게 연관되어 있다. 외식, 배달식, 인스턴트 음식에 의존하는 1인 가구에게 '집밥'은 위안의 대상이자 회귀하고자 하는 궁극적 지점이 된다(김형우, 2015). 1인 가구의 증가라는 인구사회학적 변화에 따른 집밥 열풍은 어머니의 손맛에 대한 향수, 먹기의 공동체성 상실로 인한 현대인의 감정적 반응이자 욕구에서 비롯되어 먹방 시청으로 이어진다. 이러한 욕구를 충족하는 '집밥 먹방'도 인기를 얻고 있다.

집밥 먹방은 혼자 사는 사람들이 식사할 때 먹방 시청을 통해 사람들 간의 연결감을 얻으며, 디지털 공동식사의 감각을 느낀다는 것을 보여준다. 다른 사람의 식사 모습을 통해 느끼는 연결감은 고립감을 줄여주며 이것이 먹방이 전 세계적으로 인기를 얻은 주요 요인 중 하나다. 먹방 호스트가 나누는 일상적 경험이나 개인적인 이야기를 통해 호스트를 '식사 동반자'로 간주하고, 시청자들과는 댓글과 좋아요 등을 통해 감정을 나누며 공동체를 형성한다(Sanskriti et al., 2023). 안진과 최영(2016)의 연구에서는 먹방 BJ와 시청자들이 서로를 '패밀리'라 부를 만큼 동질적 정체성을 추구하고 정서적 연대감을 형성하고 있었다.

이러한 정서적 허기 충족 동기는 한국에만 국한되지 않는다. 먹방은 해외에서도 큰 인기를 얻고 있으며, 해외 연구자들 역시 정서적 허기를 주요 시청 동기로 꼽는다. 영국의 국가 단위 계층화된 설문조사에 따르면, 함께하는 식사는 개인과 사회에 긍정적인 영향을 미친다. 사회적으로 더 자주 식사하는 사람들은 더 높은 행복감과 삶의 만족도를 보이며, 타인에 대한 신뢰도가 높고 지역 사회 참여도가 활발하며 의지할 수 있는 친구가 더 많은 것으로 나타났다(Dunbar, 2017). 이는 사회적 식사가 유대감을 촉진하는 진화적 메커니즘일 수 있음을 시사한다. 패스트푸드가 일상화된 현대에도 가족 및 친구들과 함께 앉아 식사하는 것은 여전히 중요한 가치를 지닌다. 개인의 사회적 네트워크의 크기와 질은 건강, 질병에 대한 감수성, 심지어 사망률에도 중요한 영향을 미친다는 연구가 다수 존재한다. 엔도르핀은 식욕 조절에도 관여하는데, 식사 행위 자체가 엔도르핀 시스템을 활성화하여 사회적 유대를 촉진할 수 있다. 또한 공동 식사는 운동과 같은 행동적 동기화(behavioural synchrony)를 통해 더욱 강력한 엔도르핀 효과를 유도할 수 있다(Dunbar, 2017).

즉, 국내외 먹방 연구들은 정서적 교류를 통한 사회적 연결감에 주목한다. 먹방은 실시간 채팅이나 댓글을 통한 소통, 다른 외로운 식사자들과의 연결감을 통해 사회적 고립감을 해소시킨다. 더 나아가, 먹방을 시청하는 행위 자체가 감정적인 위안을 제공하며, 시청자들은 이를 통해 마치 함께 식사하는 듯한 경험을 하게 된다. 결국 먹방은 단순한 콘텐츠 소비를 넘어, 정서적 교류의 장으로 작용하며 현대 사회에서 중요한 사회적 기능을 수행하고 있다.

7 먹방에 대한 이용과 충족의 특이점

먹방에 대한 이용과 충족은 전통 미디어와 같은 맥락이지만, 대리 경험을 통한 만족은 먹방에서 특히 강하게 표출된다. 즉 대리 경험을 제외한 다른 시청 동기는 전통적인 미디어에서도 유사하게 나타나지만, 대리 경험을 통한 충족은 먹방 콘텐츠의 속성에 근거하여 더욱 극대화된다. 예를 들어, 여행 프로그램도 대리 체험의 요소를 포함할 수 있지만, 먹방은 시청자가 직접 맛을 느낄 수 없다는 한계를 오히려 감각적 몰입을 극대화하는 방식으로 보완한다. 크리에이터의 생생한 표정, 음식의 소리(ASMR), 그리고 실시간 소통은 시청자로 하여금 마치 자신이 직접 먹고 있는 듯한 경험을 제공한다. 이러한 요소들은 먹방을 단순한 정보 제공이 아니라, 감각적 대리 체험을 통해 충족감을 극대화하는 독특한 콘텐츠 형식으로 차별화한다.

또 다른 주목할 점은 정서적 교류이다. 관계성이라는 특징은 전통적인 미디어에서도 나타났지만, 1인 미디어는 플랫폼의 특성으로 인해 전통 미디어와는 다른 양상을 보인다. 1인 미디어의 경우 관계가 쌍방향적이며, 좁고 결속적인 관계를 맺는다. 또한 비격식적이고 평등하며, 비정기적이고 높은 빈도의 관계를 형성한다. 시청자들은 콘텐츠 자체의 내용뿐 아니라 1인 미디어의 생방송을 통해 접하는 모니터의 등장인물, 실시간으로 대화를 나누고 있는 사람, 숫자로 표시되는 다른 시청자 등을 통해 친밀감을 형성하고 다른 사람들과 특별한 관계를 맺는다고 생각하는 것이다(최윤정, 2020).

먹방은 가상공간을 통한 밥상공동체이다. 먹방을 시청하는 시청자들은 일종의 시청 공동체(viewing community) 또는 가상 공동체(virtual community)로 규정될 수 있다. 먹방의 시청자 집단은 실제 모임을 가지는 것은 아니지만 먹방을 시청하면서 전통적인 의미의 공동체 개념과 유사한 모습을 보이는 가상의 집단으로 기능한다. 먹방을 시청하는 익명의 시청자들은 그 연결이 느슨해 보이지만 실제로는 친밀한 '패밀리'로 서로를 호명하며, 먹방의 BJ에게 높은 충성심을 보인다(안진·최영, 2016).

특히 전통적인 미디어에 비해 시청에 대한 시공간의 제약이 없어진다는 것은 동시에 시청 경험에 대한 공유 역시 제약 없이 이루어질 수 있고 언제든지 경험을 공유할 수 있는 사교적 시청(social viewing; Proulx & Shepatin, 2012) 또는 사회적 시청(최윤정, 2014)이라는 새로운 형태를 가능하게 한다. 이러한 시청 형태는 전통적인 미디어와 다르게 단순 시청의 단계를 벗어나 시청자들이 집단으로 방송을 시청하면서 실시간, 또는 비실시간으로 방송에 대한 감상 및 정보를 공유하는 가상 공간의 공동체를 용이하게 한다.

안진과 최영(2016)은 먹방 BJ인 애봉이를 중심으로 형성된 시청공동체의 특성을 연구하였다. 이에 따르면 시청공동체는 인기 스타의 팬덤과 비슷한 형태로 작동한다. 즉 BJ에게 애정이나 존중을 가지고 있으며, BJ의 관심과 애정을 받기 위해 노력하고 자신의 존재가 BJ를 통해 인지되었을 때 쾌감을 느낀다. 방송의 시청자들은 방송을 단순한 영상 콘텐츠가 아니라 사람과 사람 사이의 관계로 생각하기 때문에, 가상의 공간이지만 방송을 시청하는 시청자들과 함께 가상의 공간에 모여 감정과 정보를 공유한다는 것이다. 즉, 이들은 먹방을 진행하는 BJ뿐 아니라 다른 시청자들과도 함께 끊임없는 상호작용을 하고, 이를 통해 공동체 구성원들이 재미를 느낀다.

임명빈과 김수정(2018)은 이러한 BJ와 팬덤으로서의 시청공동체가 '친밀성'이 필수적으로 요구된다고 설명하였다. 먹방과 같은 1인 미디어의 진행자들은 공적 문화와는 다른 사적인 영역의 차원에서 커뮤니케이션하는 특징이 나타나며, 개인의 사적인 생활이나 감정에 해당하는 미래에 대한 불확실성과 불안감을 시청자와 쌍방향적으로 공유하면서 공감을 이끌어낸다. 시청자 팬들이 실시간 댓글을 통해 콘텐츠의 제작에 적극적으로 참여할 수 있다는 점은 친밀성을 구성하는 중요한 요소가 된다. 이와 같은 실시간 댓글을 통한 먹방 유튜버, 다른 소비자들과의 소통은 공감대를 형성하고 소속감을 가질 수 있도록 유도한다(서선희, 2022).

이러한 공동체적 관계는 다른 1인 미디어 콘텐츠에서도 나타나지만, 먹방은 음식을 매개로 하여 소통과 관계성이 형성되고 유지된다는 점이 다르다. 특히, 한국 문화에서 '밥'은 단순한 음식이 아니라 공동체적 의미를 지닌 상징적인 요소이다. 밥상 공동체라는 전통적 문화 속에서 식사는 단순한 영양 섭취를 넘어 가족과 친밀한 관계를 형성하는 중요한 역할을 해왔다. 이러한 문화적 배경이 반영된 먹방은 시청자들에게 단순한 콘텐츠 소비를 넘어 함께 식사하는 듯한 경험을 제공하며, 온라인 공간에서 새로운 형태의 사회적 유대를 형성한다.

먹방은 한국의 전통적인 밥상 문화와 현대 디지털 미디어가 결합한 독특한 콘텐츠 형식이라 볼 수 있다. 음식을 매개체로 가상공간에서 친구 관계를 확장할 수 있고, 이를 통해 소속감과 심리적 안녕감을 유지할 수 있다(이진균·박현선, 2018)는 점은 먹방이 다른 1인 미디어 콘텐츠와의 가장 큰 차이점이다. '밥을 함께 먹는다'는 행위가 한국 사회에서 유대감을 강화하는 전통적 의미를 지니고 있다는 점을 고려할 때, 먹방은 디지털 환경에서 이러한 문화를 재현하며 새로운 형태의 '밥상 공동체'를 형성한다고 할 수 있다.

CHAPTER 10

먹방과 헬스커뮤니케이션

1 먹방이 식문화에 미치는 영향

먹방은 시청자의 식습관 형성 및 변화에 영향을 미친다. 먹방을 자주 시청하는 사람들은 특정 음식에 대한 노출이 증가하면서 해당 음식을 직접 소비하려는 경향이 강해지며, 특히, 고칼로리 음식이나 폭식형 먹방이 대중적으로 인기를 끌면서, 일부 시청자들은 무의식적으로 과식하거나 야식을 섭취하는 경향을 보이기도 한다(박상흠, 2024). 반면, 건강식 먹방이나 조리 과정이 포함된 콘텐츠는 균형 잡힌 식습관을 유도하고, 특정한 다이어트 식단이나 건강식을 실천하는 동기로 작용하기도 한다(김병규, 2016).

또한, 먹방을 통해 특정 음식이 대중적으로 유행하며 음식 소비 트렌드를 형성하기도 한다. 이러한 현상은 다양한 형태의 먹방이 음식에 대한 인식을 형성하고, 식습관 전반에 영향을 미친다는 점을 보여준다. 먹방은 단순한 오락을 넘어, 시청자들의 식문화와 일상에 깊숙이 스며든 디지털 문화 콘텐츠로 자리 잡고 있다.

주시할 점은 먹방이 시청자의 식습관에 긍정적·부정적 영향을 동시에 미칠 수 있다는 것이다. 긍정적으로는 다양한 음식과 새로운 식문화에 대한 관심을 높이고, 음식의 즐거움을 강조하여 식사에 대한 긍정적인 태도를 형성할 수 있는 반면, 과도한 폭식 장면이 정상적인 식사 패턴을 왜곡하거나 불균형한 식습관을 조장할 위험이 있다. 이러한 영향을 고려할 때, 시청자의 헬스 리터러시가 중요하며, 음식 소비에 대한 비판적 사고를 기르고 건강한 섭식 태도를 유지하는 능력이 필요하다. 따라서 먹방을 단순한 오락이 아니라 식습관 형성에 영향을 미치는 콘텐츠로 인식하고, 헬스커뮤니케이션 차원에서 짚어봐야 한다.

과식과 폭식이 주 내용인 먹방의 경우 그 부정적 영향력이 우려를 자아내지만 먹방 콘텐츠는 식습관 형성과 정서적 만족에 긍정적인 영향을 미치기도 한다. 먹방을 통해 다양한 식문화를 접함으로써 음식에 대한 관심과 개방성이 높아질 수 있으며, 장기적으로는 균형 잡힌 식습관 형성과 건강한 식생활을 유지하는 데 긍정적인 영향을 미칠 수도 있다(최영준, 2017). 실제로 최근에는 맛과 건강을 동시에 고려하는 '헬시 플레저(healthy pleasure)' 트렌드를 반영하며 건강한 먹방 콘텐츠가 주목받고 있다. #저염저당, #저속노화, #비건 식단 등 다양한 건강식 레시피를 선보이며 시청자들이 보다 주체적으로 건강한 식단을 실천할 수 있도록 돕기도 한다. 그 예로 구독자 160만 명을 보유한 유튜브 채널 '무니키친(Moony Kitchen)'[1]은 건강하고 간편한 요리법을 소개하며, 자연

1) 무니키친Moony Kitchen (2018). 무니키친Moony Kitchen 채널. [YouTube 동영상]. Retrieved from https://youtube.com/@moonykitchen?si=Ll39AxzCPY7NgZGo

친화적인 식재료를 활용한 레시피를 전하고 있다. 살이 찌지 않는 초코 케이크, 저칼로리 김밥 레시피 영상은 10만 회 이상의 조회수를 기록하며 맛있고 건강한 음식 섭취에 대한 인식을 높이고 있다. 이러한 콘텐츠들은 먹방이 건강한 식습관을 장려하고, 다양한 식문화를 경험하게 해 주는 긍정적인 영향력을 가질 수도 있음을 보여준다.

하지만 시청자들의 호기심과 흥미를 자극하기 위해 대부분 자극적이고 고칼로리 위주의 음식이 콘텐츠의 주요 소재로 사용되면서, 식습관에 미치는 부정적 영향에 대한 우려는 지속적으로 제기되고 있다. 특히, 이러한 음식들에 반복적으로 노출될 경우, 시청자들은 고지방, 고당분 음식의 섭취를 당연시하거나 정상적인 식사 방식으로 오해할 수 있다(Kim & Oh, 2024; Zeeni et.al, 2024). 지니와 동료들(2024)에 따르면 젊은 성인들이 소셜미디어에서의 정크 푸드(Junk Food) 콘텐츠에 반복적으로 노출될 경우 무의식적으로 정크 푸드를 더 갈망하고 소비할 가능성이 높아질 수 있음을 밝혔다. 자극적인 음식이 지속적으로 자극, 강조되면 점화 효과(priming effect)가 발생하여 음식에 대한 갈망이 증가할 수 있다고 설명한다. 이러한 욕구가 이어지면 건강에 대한 경각심이 무뎌지고, 과식이나 폭식을 가볍게 여기게 되는 문제가 발생할 수 있는 것이다.

2 먹방이 식습관에 미치는 부정적 영향

먹방 콘텐츠는 시청자의 흥미를 끌기 위해 비정상적으로 대량의 음식을 섭취하거나, 먹는 행위를 과장하는 방식으로 연출한다. 실제 먹방 콘텐츠 중에서 과다 섭취, 자극적인 음식 섭취, 시간제한 내 빠르게 음식을 섭취하는 콘텐츠가 높은 조회수를 기록하며 시청자들에게 인기가 있는 것으로 분석되었다(Kang et al., 2020). 특히 10kg 연어 한 마리를 통째로 먹는다든지, 치킨 10마리와 햄버거 20개 등을 한 번에 먹는 '대식가 먹방'은 일반적인 식사량을 훨씬 초과하는 음식을 섭취하는 모습을 보여주며 시청자들의 호기심과 흥미를 자극한다. 1,170만 명의 구독자를 보유한 유튜버 쯔양(tzuyang)은 작은 체구에도 불구하고 10kg, 16kg 대방어 먹방[2)]을 보여주었다. 이러한 콘텐츠는 현실적인 식사량과 건강한 식습관을 왜곡시킬 수 있으며, 청소년과 같은 취약한 시청자들에게 부정적인 영향을 미칠 가능성이 염려된다.

먹방이 식건강에 미치는 직접적인 영향력이 명확히 규명되지는 않았으나, 식습관과 생활습관에 상당한 연관이 있는 것으로 나타났다(권혁성, 2019; 안순태 · 임유진 · 이하나, 2020; 유선욱 · 신기하 · 김수진, 2021). 실제로 최근 4년간 2030세대의 고혈압 발병자가 29.2% 증가한 배경에 대해 먹방 콘텐츠와 배달 음식, 외식 위주의 소비 트렌드가 주요 원인으로 꼽히고 있다(정진수, 2022). 젊은 층의 짜고 기름진 음식을 섭취하는 식습관과 낮은 운동량은 비만을 유발하고, 고혈압 발생률을 증가시키는 요인으로 작용한 것이다. 특히 청소년의 경우, 아침 식사 결식률, 패스트푸드, 단맛음료, 고카페인 음료, 야식 섭취율이 먹방, 쿡방 시청과 관련이 있는 것으로 나타났다(질병관리청, 2024).

또한, 먹방 콘텐츠를 통해 노출된 좋지 않은 식습관을 따라가는 경

2) tzuyang쯔양 (2022). 대방어 10kg 먹었더니 사장님들 다 구경 오셨어요, (2023. 1. 23). 16kg 대왕방어?? 손님들도 놀란 돼지방어 먹방. [YouTube 동영상]. Retrieved from https://youtu.be/IUvjIG3Bwqw?si=Un5wEKLzqVaBP_kk https://youtu.be/VfNeiJ3ZXzY?si=Hf6VMsrqet0SQ-3i

우 신체에 무리가 가해져 부정적인 건강 변화로 이어질 수 있다. 실제 먹방 인플루언서를 모방해 일반적인 식사량을 초과하는 과식을 하는 경우, 탄수화물, 지방, 단백질이 과도하게 많아지고, 남은 영양소는 지방 형태로 저장되어 비만으로 이어질 수 있다(이슬비, 2024). 이로 인해 인슐린 저항성이 증가하고, 혈당 조절 기능이 약화되어 당뇨병 위험이 커지게 되는 것이다. 더불어, 불닭먹방, 매운김치먹방처럼 자극적이고 고칼로리 음식을 섭취하는 콘텐츠는 장기적으로 고혈압, 고지혈증 등 대사질환을 유발할 수 있으며, 심혈관 건강에도 악영향을 미칠 수 있다(대한심장학회, 2019).

무엇보다 자극적인 먹방 콘텐츠를 반복적으로 접할 경우, 건강한 식사량에 대한 인식을 흐리게 만들며, 특히 청소년과 취약계층의 식생활을 더욱 악화시킬 수 있다(김수경 외, 2020; 홍승희, 2024). 실제로 먹방에 자주 노출된 학생들은 패스트푸드, 고카페인 음료, 가당음료를 섭취할 가능성이 더 높은 것으로 나타났으며(Joo et al., 2024), 자극적인 고열량 음식에 빈번히 노출될 경우 청소년들이 해당 음식을 더 쉽게 소비하고 있음을 알 수 있다(〈그림 10-1〉). 이처럼 먹방 콘텐츠는 식생활에 부정적 영향을 미치며, 특히 청소년 건강에 부정적인 결과를 초래할 수 있음이 끊임없이 제기되고 있다.

청소년을 대상으로 먹방과 식습관의 관계를 살펴본 연구(김수경 외, 2020)에 의하면, 먹방을 많이 시청할수록 끼니를 거르거나 좋지 않은 음식으로 식사를 하는 등 식습관이 좋지 않은 것으로 나타났다. 또, 시청자의 먹방을 시청하는 동기가 단순하게 재미만을 위한 것일 때는 식습관이 더 좋지 않은 것으로 나타났다. 이는 먹방에 등장하는 음식이 기름진 음식이나 패스트푸드, 인스턴트 식품이라는 점, 그리고 많이 먹기와

그림 10-1 먹방(쿡방)이 청소년 식습관에 미치는 영향[3]

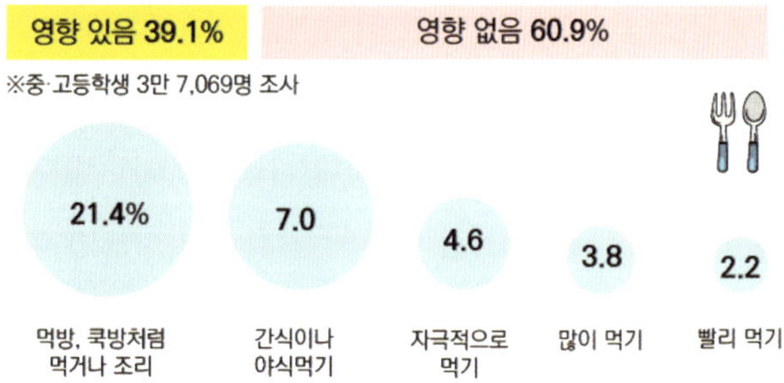

출처: 질병관리청

빨리 먹기 등 건강하지 못한 식습관이 주를 이룬다는 점과 관련이 있다(안순태·임유진·이하나, 2020; Kang et al., 2020).

즉 청소년이나 젊은 연령층이 먹방시청으로 식습관의 영향을 많이 받는 것으로 나타났다(위옥연·이지연, 2024; 남하얀·정복미, 2021; 홍승희, 2024). 음식 미디어 콘텐츠를 많이 소비하는 청소년은 외식을 하거나 인스턴트 식품, 단 음식의 섭취 비중이 높았으며(오민환 외, 2019), 과일 섭취의 빈도도 낮았다(위옥연·이지연, 2024; Nam & Jung, 2021). 또 먹방이나 쿡방의 시청 빈도가 높은 경우 패스트푸드, 고카페인 음료, 단 음료, 야식 섭취 등의 식습관이 높았다(위옥연·이지연, 2024; 홍승희, 2024; Strand & Gustafsson, 2020).

특히 먹방 시청시간이 길수록 아침결식을 하는 경우가 많았고(남하얀·정복미, 2021; 위옥연·이지연, 2024; 홍승희, 2024), 아침을 먹지 않는 경우나 과일 섭취 빈도가 낮을수록 비만율이 높았다(계승희, 2019; Kim et al., 2007). Strand와 Gustafsson(2020)의 연구에서는 먹방을 많이 시청하

3) 이현정 (2024). [단독] '먹방' 빠진 아이들… 40% "채소 NO, 야식 YES". 서울신문. Retrieved from https://www.seoul.co.kr/news/2024/12/19/20241219014004

는 시청자들은 아침뿐 아니라 전체적으로 결식률이 높은 것으로 나타나기도 했다. 즉, 먹방의 잦은 시청이 불러오는 잘못된 식습관이 비만으로까지 연결될 수 있다는 것이다.

미디어 콘텐츠의 주제나 묘사, 등장인물들의 행동이 시청자의 태도나 행동에도 영향을 미칠 수 있으며, 미디어 사용량이 증가할수록 특정 행동의 빈도는 높아질 수 있다는 점은 다양한 연구를 통해 밝혀진 바 있다. 텔레비전을 많이 보는 어린이들은 식품 광고에 많이 노출될 수 있으며, 따라서 식품 광고에 등장하는 탄수화물이나 고지방 식품에 대한 선호도가 상대적으로 높다는 등의 연구 결과를 들 수 있다(Boyland & Halford, 2013). 이와 유사하게 남하얀과 정복미(2021)의 연구에서도 긴 먹방 시청 시간은 높은 체질량지수와 유의미한 상관관계가 있다는 점이 발견되었다. 먹방의 독특한 점은 먹방을 통해 대리만족을 느낀다는 점인데, 이는 순기능이 될 수도 있지만 반대로 대리만족이 아닌 먹고 싶은 충동을 더 유도한다는 점도 먹방의 시청 시간이 비만도에 영향을 미치는 요인이 되는 것으로 보인다(Kang et al., 2020). 먹방이 시청자의 대리만족이 아닌 시청자의 대리적 폭식(vicarious gluttony)을 하게 한다는 것이다(권혁성, 2019).

유선욱 등(2021)도 연구를 통해 먹방 시청 시간이 길어질수록 비만도가 높아진다는 것을 확인하였다. 다만 여기에서는 먹방을 자주 볼수록 비만일 가능성이 높지만 먹방을 보고 만족하지 않으면 모방행동을 하지 않는다는 결과가 나타났다. 즉, 먹방의 시청 빈도가 높다고 해서 항상 먹방에서 본 음식을 찾아 먹거나 요리하는 등 실제 섭식행위로 이어지지는 않았다.

이처럼 먹방과 비만은 어느 정도의 상관 관계를 가지고 있으나, 직접적인 인과관계를 확인한 연구는 많지 않다. 관련하여 먹방 자체가 비만의 직접적인 원인이라기보다는 먹방으로 인해 발생하는 상황을 원인으로 보는 시각도 많다. 예를 들면, 먹방을 자주 시청하는 시청자들이 시청 도중 간식과 야식을 섭취하는 경우가 잦다는 점이 비만의 원인일 수 있다는 것이다(Mulligan et al., 2011; Strasburger et al., 2011). Yeon(2023) 역시 먹방의 잦은 시청은 시청 도중의 간식이나 야식 섭취를 유도하여 결국 과체중이 될 가능성이 커진다는 점을 지적하기도 했다. 따라서 이러한 시각은 먹방 자체가 비만과 직접적 연관을 갖는다기보다는 먹방을 보면서 먹는 음식이 비만과 연관되어 있을 것이라고 본다.

먹방과 비만에 대한 논의와 함께, 시청자들의 흥미를 끌기 위해 무리하고 자극적인 식사를 조장하는 콘텐츠로 인플루언서가 숨지는 사건사고가 세계 곳곳에서 발생하였다. 최근 18만 명의 구독자를 보유한 엘살바도르 출신 37세 먹방 유튜버가 갑작스러운 심장마비로 사망한 데에 전문가들은 비만을 주요 원인으로 보았으며(정아임, 2024), 필리핀에서는 한 유명 유튜버가 먹방 이후 숨지는 사건이 발생하면서 필리핀 당국이 홈페이지, SNS 등 먹방 콘텐츠 금지를 추진할 방침이라고 밝히기도 하였다(김자아, 2024). 2020년 중국에서도 음식 낭비 방지를 강조하며 '음식 낭비 줄이기 캠페인'을 진행하였으며, 2021년부터는 '먹방'에 최대 1천 700만원의 벌금을 부과하는 '음식 낭비 금지법'을 시행하기도 했다(차병섭, 2021).

또한 먹방에 관련된 연구들은 신체적 영향에서 그치지 않고 정신건강의 차원에서도 먹방의 영향을 살펴본 바 있다. 이에 따르면 먹방은 특히 청소년의 정신건강과 상관관계를 갖는 것으로 나타났다. 제18차 청소년건강행태조사에 따르면 먹방을 시청하는 빈도가 높은 청소년일수록 신체적인 건강뿐 아니라 우울이나 절망감, 외로움, 자살생각 등 정신건강에 부정적으로 연관되어 있다는 점이 나타났다(위옥연·이지연, 2024; 홍승희, 2024).

이와 같은 식행동 관점에서 먹방의 문제는 먹방의 콘텐츠가 건강하지 못한 식행동과 저영양·고열량 음식의 잦은 노출에 있다는 데서 그 원인을 찾을 수 있다. 먹방의 내용에는 건강하지 못한 음식이나 식행동만 나타날 뿐 건강 식생활에 대한 정보가 제공되지는 않는다(메디칼타임즈, 2021). 이 때문에 온라인 먹방 콘텐츠를 관리할 수 있는 규제 방안 및 재미있으면서도 접근성이 좋고, 실생활에서도 충분히 적용 가능한 영양교육 콘텐츠의 개발의 필요성이 요구되기도 했다(위옥연·이지연, 2024). 또한 먹방 시청에 대한 비판이나 이해, 이용 등 먹방 시청자의 미디어 리터러시와 관련된 능력을 키워줄 필요성이 제기되었다. 이러한 리터러시 교육은 능동적 미디어 이용 능력, 비평 능력, 문제해결능력 등 먹방 콘텐츠를 비판적인 시각으로 시청할 수 있는 능력을 향상시킬 수 있다는 점에서 중요하다(나경애·이상식, 2020; 조연하·배진아, 2020).

3 헬스리터러시와 먹방 시청

먹방 콘텐츠는 강한 시각적 자극과 오락적 요소로 대중의 관심을 사로잡지만, 동시에 건강에 대한 왜곡된 정보를 전달할 위험성이 존재한다. 대량의 음식을 빠르게 섭취하거나 고칼로리, 고지방 음식 위주로 구성되는 경우가 많아, 균형 잡힌 식단의 중요성을 간과하게 만들 수 있다. 특히 일부 크리에이터들이 극단적인 폭식이나 자극적인 음식 섭취를 강조할 경우, 건강한 식습관에 대한 인식을 왜곡시킬 우려가 있다. 이러한 콘텐츠는 청소년이나 식습관이 아직 형성 중인 시청자들에게 비만, 소화불량, 과식 등을 가벼운 놀이 문화로 인식하게 할 수 있다. 또한 폭식을 유쾌하고 재미있는 콘텐츠로 포장하는 경향은 건강 문제를 축소하고, 잘못된 식습관을 강화시킬 수 있기 때문이다. 따라서 먹방 콘텐츠 제작자들은 단순한 오락 제공을 넘어, 건강한 식습관의 중요성을 고려한 연출과 정보를 함께 제공하는 책임 의식을 가질 필요가 있다.

따라서 헬스리터러시 관점에서 건강 정보를 비판적으로 해석하고 수용하는 능력이 요구된다. 시청자는 먹방 콘텐츠가 과장된 연출과 자극적인 음식 섭취를 강조할 수 있다는 점을 인지하고, 영상 속 식습관이 건강한 생활방식과 일치하지 않을 수 있음을 이해해야 한다. 이는 먹방 시청에 따른 식습관 인식이 건강에 주요한 영향을 줄 수 있기 때문이다 (Kim & Oh, 2024). 헬스리터러시가 높은 사람들은 먹방을 시청할 때 정보의 진위를 구분하고, 건강에 유익한 선택을 할 가능성이 높다. 예로, 먹방에서 소개되는 음식이 건강에 미칠 영향을 비판적으로 평가하고, 이를 바탕으로 자신의 식습관을 조절할 수 있는 것이다. 반면, 헬스리터러시가 낮은 경우 먹방의 정보에 무비판적으로 영향을 받아 건강에 부정적인 결과를 초래할 가능성이 높아진다.

특히 청소년과 건강관리가 중요한 시청층은 콘텐츠 속 음식 섭취 방식이 자신의 건강 상태나 영양 요구와 맞지 않을 수 있음을 인식하는 것이 중요하다. 크리에이터들 역시 건강한 먹방 문화를 위해 균형 잡힌 식단을 소개하거나, 섭취 후 운동 및 영양 정보를 제공하는 등 교육적 요소를 포함하는 노력이 필요하다. 먹방 콘텐츠를 수용하는 데 있어 비판적 시청 태도와 정보 해석 능력은 매우 중요하며, 이를 위해 시청자들은 신뢰할 수 있는 건강 정보에 대한 접근성을 확보해야 한다. 궁극적으로 건강한 먹방 콘텐츠 소비를 위한 기준을 설정하고, 헬스리터러시 향상을 위한 교육 및 미디어 가이드라인을 마련하여 건강한 시청 문화를 형성할 필요가 있다.

이에 건강한 시청 문화를 형성하기 위해 몇 가지 실천적 대안을 고려할 수 있다. 첫째, 교육기관과 보건 당국은 청소년 대상 미디어 리터러시 교육을 강화하여, 먹방 콘텐츠의 오락성과 건강 정보를 구분할 수 있는 비판적 사고 능력을 함양해야 한다. 둘째, 플랫폼 차원에서는 폭식이나 비정상적 식사 행동을 미화하는 콘텐츠에 대해 경고 문구를 삽입하거나, 균형 잡힌 섭취를 권장하는 가이드를 마련할 필요가 있다. 셋째, 크리에이터들은 단순한 재미 제공을 넘어, 음식의 영양 정보나 건강한 섭취 방식을 자연스럽게 소개하는 책임 의식을 가져야 한다. 넷째, 시청자들은 자신의 건강 상태와 필요에 맞는 콘텐츠를 선별적으로 소비하고, 맹목적인 모방 대신 스스로의 식습관을 점검하는 태도를 가져야 한다. 다섯째, 보건 전문가들은 먹방 콘텐츠의 긍정적, 부정적 영향을 분석하고, 건강한 콘텐츠 제작을 위한 가이드라인을 제시함으로써 미디어와의 협력을 강화할 수 있다. 이러한 실천적 접근은 먹방 콘텐츠의 긍정적 요소를 유지하면서도, 시청자의 건강을 보호하고 보다 책임 있는 미디어 환경을 조성하는 데 기여할 수 있다.

특히, 이러한 실천적 접근은 단기적인 해결책이 아니라, 헬스커뮤니케이션 관점에서 지속적인 논의와 연구가 필요한 문제라는 점에서 더욱 중요하다. 먹방 콘텐츠가 대중의 식습관과 건강 인식에 미치는 영향을 면밀히 분석하고, 이를 바탕으로 보다 효과적인 건강 커뮤니케이션

전략을 마련해야 한다. 이를 위해 먹방이 실제 식행동 변화에 미치는 영향, 시청자의 연령 및 건강 상태에 따른 차별적 효과, 먹방 콘텐츠의 긍정적·부정적 영향력에 대한 연구가 필요하다. 또한, 공중보건 전문가, 미디어 연구자, 정책 입안자, 크리에이터 등이 협력하여 먹방 콘텐츠의 사회적 역할과 건강에 미치는 영향을 균형 있게 다룰 수 있는 프레임워크를 구축하는 것이 필요하다. 궁극적으로, 건강한 디지털 미디어 환경을 조성하기 위해 먹방과 같은 콘텐츠의 긍정적인 기능을 극대화하면서도, 그로 인한 부정적인 영향을 최소화하는 방향으로 사회적 논의와 학술 연구가 지속되어야 한다.

PART 5

결론

CHAPTER 11

먹방의 순기능과 역기능

CHAPTER 12

먹방과 결핍, 그리고 충족

CHAPTER 11

먹방의 순기능과 역기능

1 디지털 미디어 시대 여가 활동

스마트폰의 보급과 OTT 이용 증가 등으로 여가활동의 모습이 변하고 있다. 2019년 62.3%였던 OTT 이용률이 2023년에는 88.1%로 급증하였고, 1인 가구의 여가활동에서 29세 이하부터 40대까지 절반이 넘는 세대가 모바일 콘텐츠, OTT, VOD 동영상 시청을 가장 만족스러운 활동으로 꼽았다(〈그림 11-1〉). 이에 비해 50~64세의 36.3%와 65세 이상의 51.4%는 TV 시청을 여가활동으로 선택해 세대 간 차이가 뚜렷하게 나타난다.

〈표 11-1〉에 의하면 미디어 콘텐츠 이용을 통한 여가활동의 비율은 산책이나 친구와의 만남보다 훨씬 높았다. 산책을 여가활동으로 꼽은 29세 이하, 30~39세, 40~49세는 각각 9.5%, 10.4%, 13.5%에 그쳤고, 모바일 콘텐츠 여가활동의 경우 각각 27.7%, 23.9%, 32.0% 로 훨씬 높은 수치를 보여준다. 친구 만남 등 사람과 함께 시간을 보내는 경우도

그림 11-1 OTT 이용률[1)2)]

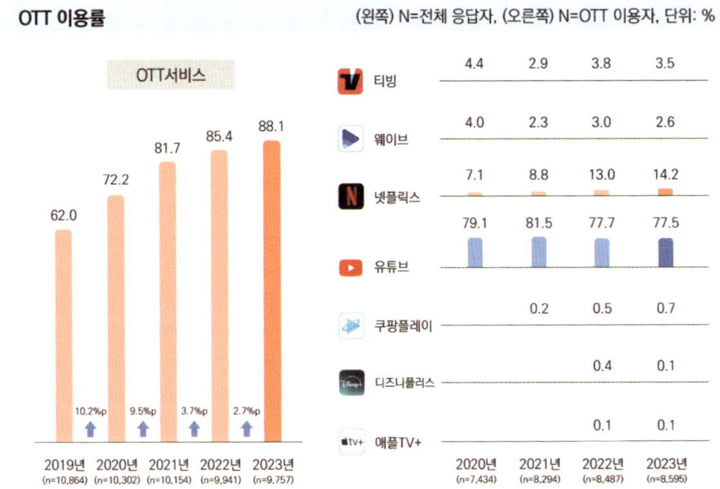

주: 1) OTT 서비스 이용률은 2019년부터 조사되었으며, 이용하는 OTT 서비스의 종류는 2020년부터 조사됨

주: 2) 이용하는 OTT 서비스 문항은 복수 응답이며, 이용률은 1순위 기준으로 산정함

위 연령별로 각각 20.6%, 18.7%, 21.3%로 모바일 콘텐츠를 활용한 여가 활동에 비해 매우 낮은 수치이다.

이는 사람과 직접 보내는 시간보다 모바일 기기에 더 많은 시간을 할애하고 이에 의존하고 있음을 시사한다. 특히, 사회적 교류의 중요성이 여전함에도 불구하고, 여가 시간의 상당 부분이 디지털 기기를 통한 콘텐츠 소비로 대체되고 있다는 점에서, 모바일 콘텐츠가 개인의 정서적 충족뿐만 아니라 사람과의 관계 형성 방식에도 영향을 미치고 있음

1) 정용찬 · 김윤희 · 오윤석 (2023). 2023 한국 미디어 패널 조사. 한국방송통신전파진흥원. Retrieved from https://stat.kisdi.re.kr/kor/board/BoardList.html?board_class=BOARD35

2) 통계청 (2024). 통계로 보는 1인 가구. 통계청. Retrieved from https://kostat.go.kr/board.es?mid=a10301060500&bid=10820&act=view&list_no=434103

표 11-1 만족스러운 여가활동(상위 10개)[1](2023)(단위: %)

		TV 시청	산책 및 걷기	친구 만남 이성 교제 미팅 소개팅	모바일 컨텐츠[2] 동영상 VOD[3] 시청 OTT 시청	쇼핑 외식	자연 명승 및 풍경 관람	게임	영화 관람	음주	잡담 통화 하기 문자 보내기
1인 가구	소계	30.6	28.8	18.5	16.3	13.7	10.1	9.4	8.9	8.7	7.9
	29세 이하	5.3	9.5	20.6	27.7	14.0	5.8	21.3	19.2	7.2	4.9
	30~39세	7.6	10.4	18.7	23.9	12.4	4.7	21.9	19.4	12.9	9.7
	40~49세	19.9	13.5	21.3	32.0	13.6	10.5	13.8	9.4	18.1	4.4
	50~64세	36.3	27.3	14.0	19.1	14.4	13.2	4.1	5.8	12.2	6.5
	65세 이상	51.4	50.0	18.9	2.5	13.9	12.5	0.3	1.4	3.3	10.0
전체		20.5	23.3	16.0	17.4	17.9	13.3	7.9	11.5	7.0	6.6

주: 1) 복수응답 문항으로 1, 2, 3 순위 합계임
2) 모바일 기기(휴대전화, 노트북, PDA, MP3 등)를 이용한 서비스
3) 사용자가 원하는 프로그램을 원하는 시간에 볼 수 있는 서비스
출처: 문화체육관광부, 「국민여가활동조사」

을 보여준다.

그 중에서도 유튜브는 압도적인 이용률로 1위를 차지하고 있으며, 먹방은 유튜브를 통해 전달되는 대표적 콘텐츠이다. 인기 먹방 채널은 하루에도 수백만의 조회 수를 기록하며, 인기 유튜브 채널의 경우 한 영상이 천만 이상의 조회 수를 기록하고 있다. 이러한 높은 조회 수는 먹방이 단순한 음식 섭취의 기록이 아니라, 시청자들에게 오락적 즐거움과 사회적 연결감을 제공하는 중요한 디지털 콘텐츠로서 자리잡고 있음을 보여준다.

디지털 미디어 환경에서 많은 사람들이 직접적인 대면 소통보다 간접적인 소통과 충족을 선호하는 요즘, 먹방은 그중 하나로 자리 잡고 있다. 사람들이 먹방을 즐겨 찾는 데는 단순한 재미를 넘어서는 이유가 있다. 특정한 기능과 효용이 있기에 많은 이들이 이를 소비하지만, 그만큼

순기능과 역기능이 함께 작용하기도 한다. 그렇다면 먹방이 제공하는 다양한 충족과 동기는 무엇이며, 그것이 긍정적·부정적으로 어떻게 영향을 미치는지 살펴보자.

먼저, 먹방은 사회적 고립감을 느끼는 사람들에게 정서적 안정감을 주고, 함께 식사하는 듯한 경험을 제공함으로써 외로움을 완화하는 데 도움을 준다. 또한, 다양한 음식 문화에 대한 접근성을 높여 새로운 미식 경험을 간접적으로 체험하게 한다. 먹방과 같은 콘텐츠는 단순한 정보 제공을 넘어 정서적 위안을 주는 역할까지 수행하면서, 점점 더 많은 사람들이 현실에서의 사회적 교류보다 디지털 환경에서의 대리적 경험에 의존하는 문화현상을 형성하게 한다.

하지만 동시에 먹방이 식습관을 비롯한 건강에 부정적인 영향을 미친다는 우려도 지속적으로 제기되고 있다. 대식과 과식이라는 먹방의 특성, 대리만족적 시청이라는 콘텐츠의 특징이 중독적 시청을 유발하고 시청자의 비만과 부적절한 식습관을 조장할 수 있다는 것이다. WHO(2024)에 따르면 2022년 기준 전 세계에서 10억 명 이상이 비만 상태다. 전 세계 성인 비만율은 1990년 이후 두 배 이상 증가했으며, 어린이 및 청소년(5~19세)의 비만율은 4배 증가했다. 전 세계적으로 성인의 43%가 과체중이며, 5세 미만 아동 약 3,700만 명이 과체중이다. 5~19세 어린이와 청소년 중 3억 9,000만 명 이상이 과체중이며, 이 중 1억 6,000만 명은 비만 상태인 것이다(WHO, 2024). 또한, 국내 비만율은 20년 38.3%에서 22년 37.2%로 감소했으나, 21년보다 0.1%p 증가했고, 코로나 19 이전의 35%에 비하면 아직도 높은 수준이다(〈그림 11-2〉).

이러한 비만율 증가의 원인으로는 식품 마케팅부터 의료 제도 및 정책에 이르기까지 다양한 재정적, 사회적, 구조적 요인들이 지적된다.

그림 11-2 2001~2022년 비만율 증가 현황[3)]

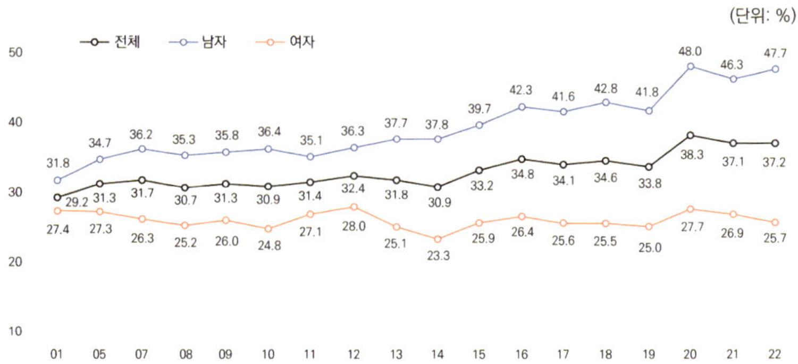

주: 비만율은 체질량지수(BMI)가 25 이상인 사람의 비율임(2005년 추계인구를 기준으로 연령표준화)
출처: 질병관리청, 국민건강영양조사

특히, 먹방이 식품 시장의 주요 마케팅 수단으로 활용되면서 비만을 유발하는 요인으로 작용할 수 있다. 먹방이 개인의 식습관에 미치는 영향과 사회 전반의 비만율에 미치는 파급 효과에 대해 면밀한 검토와 경각심이 필요하며 이에 대한 사회적 논의와 정책도 수반되어야 한다.

특히 주목할 점은 스마트폰으로 먹방을 비롯한 다양한 콘텐츠를 시청하는 이들 중 12.9%는 정보의 상업적 의도를 전혀 인지하지 못하며, 23.9%는 별로 하지 않으며 30.6%는 가끔만 확인한다고 응답했다. 대체로 그렇게 한다(24%), 항상 그렇게 한다(8.6%)를 합하면 33%에 그치고 있어, 절반 이상은 콘텐츠를 비판적으로 수용하지 않는다는 의미이다(〈그림 11-3〉).

문제는 콘텐츠의 상업적 의도를 깨닫지 못하고 노출된 경우 그렇지

3) 통계개발원 경제사회통계연구실 (2023). 국민 삶의 질 2023 보고서. 통계청. Retrieved from https://kostat.go.kr/board.es?mid=a10301150000&bid=246&act=view&list_no=429535

그림 11-3 개인의 스마트 기기 활용 능력4)

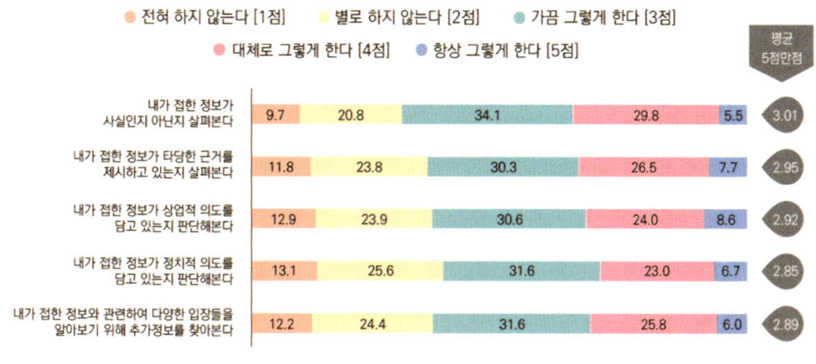

(Base: 전체 개인 응답자 9,757명)

않은 경우에 비해 설득의도에 더 취약할 수 있다는 점이다. 콘텐츠를 액면 그대로 받아들이는 경향이 높아지기 때문이다. 그러한 맥락에서 뒷광고 논란에 많은 먹방 유튜버가 관여되었고, 이후 국내에서 유료광고라는 광고 고지가 의무화되었지만, 아직도 광고와 비광고 정보의 구분이 모호한 경우가 많다. 특히, '내돈내산'(내 돈 주고 내가 산 제품)이라는 표현과 광고 콘텐츠가 혼재되면서, 일부 소비자는 특정 제품이 실제 사용자의 자발적인 추천인지, 기업의 협찬을 받은 광고인지 혼동하기도 한다. 이러한 불분명한 구분은 소비자 피해로 이어질 수 있으며, 먹방 콘텐츠가 식품 마케팅과 결합해 거대한 시장을 형성하는 상황에서 더욱 문제가 된다.

이러한 문제를 해결하기 위해서는 시청자의 헬스 리터러시가 더욱 중요해진다. 단순히 콘텐츠를 소비하는 데 그치지 않고, 자신이 접하는 정보가 상업적 의도를 포함하고 있는지 비판적으로 판단하는 능력이 필

4) 정용찬 · 김윤화 · 오윤석 (2023). 2023 한국 미디어 패널 조사. 한국방송통신전파진흥원. Retrieved from https://stat.kisdi.re.kr/kor/board/BoardList.html?board_class=BOARD35

요하다. 특히, 먹방 콘텐츠가 식품 광고와 결합되었을 때, 이를 무의식적으로 받아들이기보다 영양 정보나 건강에 미치는 영향을 고려하는 태도가 요구된다. 또한, 과도한 섭취를 조장하는 콘텐츠에 대한 경각심을 갖고, 자신의 식습관에 미치는 영향을 점검하는 습관을 기르는 것이 바람직하다. 결국, 건강한 미디어 소비 습관을 형성하는 것이 먹방 콘텐츠의 순기능을 극대화하고 역기능을 최소화하는 중요한 요소가 될 것이다.

먹방은 시청자에게 즐거움과 스트레스 해소와 같은 긍정적인 영향을 주지만, 동시에 불균형한 식습관을 조장하거나 과식을 유도할 위험도 내포하고 있다. 특히, 대량의 음식을 빠르게 섭취하는 모습은 시청자에게 잘못된 식습관을 모방하게 만들 수 있다. 상업적인 의도가 있는 콘텐츠임에도 이를 알아차리지 못하고 액면 그대로 받아들이거나 비판적 시각 없이 노출될 경우 그 영향력에 대한 점검도 요청된다. 먹방의 순기능과 역기능을 균형 있게 고려하며, 개인의 건강한 식습관 형성을 돕기 위한 다층적 분석이 필요한 이유이다.

2 먹방의 순기능

먹방은 먹는 소리를 통한 청각적 자극, 먹지 못하는 이들을 위한 대리 만족감, 혼자 식사하는 이들에게 함께 먹는 듯한 경험을 제공한다. 사회적·정서적 만족감을 주며, 새로운 레시피와 요리에 대한 정보도 제공한다. 먹방의 순기능은 정서적 교류, 오락과 즐거움, 대리만족, 현실도피와 스트레스 해소로 나눠볼 수 있다.

1) 밥상 공동체의 정서적 교류

1인 가구의 증가와 함께 먹방 시청자가 늘어나고 있고, 먹방은 가상의 식사 동반자 역할을 하며 시청자에게 연결감을 제공한다. 먹방 시청은 디지털 공감을 만들어내어 혼자 식사하는 사람들이 디지털 기술을 통해 유대감을 느낄 수 있게 한다. 단순히 다른 사람이 온라인에서 식사하는 모습을 보는 것만으로도 시청자들은 사회적 연결감을 경험한다.

먹방 시청의 중요한 측면 중 하나는 사회적 보상(social compensation)으로, 사회적 보상은 소셜 미디어, 온라인 게임 등 다른 온라인 활동에서도 유사하게 나타나는 현상이다. 외로운 이들이 가상 커뮤니티를 통해 소속감을 얻기 위해 먹방을 시청하는 것도 이 '사회적 보상'의 욕구에서 기인하며 특히, 먹방 방송자와 시청자 사이의 상호작용과 감정적 연결이 먹방 시청을 지속하게 만드는 중요한 요인으로 작용하게 된다(Kircaburun et al., 2021).

사람들은 주로 식사 시간이나 늦은 밤 야식을 먹을 때 먹방을 시청한다. 먹방은 혼자 있는 사람들의 육체적, 정서적 허기를 채워주며, 혼자 먹기 좋은 간단한 레시피와 팁을 제공하고, 다른 시청자들과 사회적 유대감과 소속감을 형성하게 한다. 먹방은 진행자와 다른 시청자들의 댓글, 좋아요 등 상호작용을 통해 시청자들에게 공존감을 제공한다. 시청자들은 서로를 모르더라도 채팅창, 댓글, 좋아요 기능을 통해 다른 시청자의 존재를 인식할 수 있다(Bruno & Chung, 2017).

일부 시청자에게는 먹는 행위보다 식사 중이나 이후의 라이브 채팅이 더 중요하며, 먹방이 끝난 후에도 로그인 상태를 유지하며 일상적인 대화를 나눈다. 이러한 상호작용은 먹방 BJ와 시청자 간, 그리고 시청자들 사이의 공감적 관계 형성을 돕는다. 진행자가 일상 경험과 개인적 이야기를 공유하면서 시청자들은 정서적 연결감과 공감대를 형성하고, 먹방 진행자를 '식사 동반자'로 여기며, 커뮤니티의 일원이라는 소속감을 통해 고립감을 줄인다(Sanskriti et al., 2023). 이렇게 형성되는 식사 공동체는 먹방을 지속적으로 시청하면서 진행자와 시청자 사이에 '준사회적 관계'를 형성한다.

이러한 먹방의 기능은 다른 온라인 활동에서도 유사한 양상을 보인다. 소셜 미디어는 기존 사회적 관계를 유지하고 새로운 인간관계를 형성하는 도구가 되며, 온라인 게임은 깊은 우정과 정서적 유대를 쌓을 기회를 제공한다. 사람들은 게임을 통해 현실보다 온라인에서 더 자유롭게 자신을 표현할 수 있다고 느낀다. 이와 마찬가지로 먹방에서는 진행자와 시청자 간의 상호작용과 정서적 연결이 지속적인 시청을 이끄는 핵심 동기가 된다. 특히 외로움을 느끼는 사람들이 가상 커뮤니티를 통해 소속감을 얻고자 먹방을 시청하는 경우가 많다고 한다(Kircaburun et al., 2021).

이처럼 먹방 속 관계는 시청자의 대인관계를 확장하고 외로움을 줄이는 데 도움을 준다. 디지털 공간에서의 사회적 식사(digital commensality)에 관한 연구에서 Spence et al. (2019)은 먹방이 혼자 식사할 때의 심리적 부담을 덜어줄 수 있다고 주장했다. 먹방은 물리적 거리에 관계없이 시청자들이 식사 경험을 공유하게 함으로써 일종의 밥상공동체로 기능한다. 이는 사람들이 같은 음식을 함께 나누는 전통적인 공동체의 의미를 디지털 공간으로 확장한 것으로, 사회적 소속감과 유대감을 형성하는 데 기여한다. 이러한 점에서 먹방은 개인의 식사 행위를 사회적 경험으로 전환하며, 현대 사회의 고립감을 완화하는 역할을 하고 있다고 할 수 있다.

2) 오락과 즐거움

먹방은 단순히 음식 섭취를 넘어 다양한 요소가 결합된 앤터테인먼트이다. 크리에이터들은 개성 있는 진행 방식과 유머, 도전적인 콘텐츠를 활용하여 시청자의 흥미를 유발한다. 독특한 음식 조합을 시도하거나 특정한 주제에 맞춘 먹방을 제작하여 콘텐츠의 다양성을 확보하고 있다. 극한 매운 음식 도전, 초대형 음식 먹기, 제한된 시간 내 주어진 음식 먹기와 같은 챌린지 먹방은 시청자들에게 긴장감과 도전 정신을 자극한다. 이처럼 먹방 크리에이터들의 개성 있는 콘텐츠와 소통은 예능과 같은 오락적 기능을 한다.

먹방 시청자들은 음식을 씹는 소리에서도 만족감과 쾌감을 느낀다. 특히 먹방의 씹는 소리와 같은 ASMR 효과는 시청자들에게 행복감과 긴장 해소를 제공한다(Sanskriti et al., 2023). You(2018)의 연구에서는 수백만 명의 중국 시청자들이 바삭한 씹는 소리를 듣는 즐거움을 위해 먹방을 시청하는 것으로 나타났다.

즉 전통 미디어의 앤터테인먼트와 차별화되어 먹방은 진행자가 음식을 씹고 삼키는 소리, 음료수 캔을 따는 소리, 과자 봉지를 여는 소리 등을 통해 좀 더 생생한 즐거움을 준다. 이러한 소리에는 "음~", "약~", 등이 포함되어 있으며, 이러한 요소가 오락의 요소로 작용해 시청자들의 반복 시청을 유도한다. 이러한 오락적 욕구 충족과 만족감은 안정감, 긴장 해소, 즐거움, 진정 효과로 연결되기도 한다(Sanskriti et al., 2023).

먹방 크리에이터들은 독창적인 진행 방식과 표현을 활용하여 먹방을 하나의 놀이 문화로 제시한다. 초대형 음식 도전, 극한 매운맛 체험, 시간 제한 내 음식 완식 챌린지 같은 콘텐츠는 긴장감과 스릴을 더하며 시청자들에게 흥미를 유발하고, 크리에이터들의 유쾌한 리액션과 표현력은 단순한 음식 섭취 과정을 더욱 생동감 있게 만들어준다. 일부 먹방은 음식과 게임, 코미디 요소를 결합하여 더욱 다채로운 엔터테인먼트 경험을 제공하기도 한다.

시청자들은 크리에이터와의 실시간 소통을 통해 먹방을 단순한 시청 경험이 아니라 함께 참여하는 놀이로 인식하게 된다. 또한, 다양한 음식 문화에 대한 호기심을 충족시키고 대리 만족을 제공함으로써 국경을 초월한 콘텐츠 소비가 이루어지고 있다. 이러한 흐름 속에서 먹방은 단순한 음식 섭취를 넘어 예능 프로그램과 같은 역할을 하며, 즐거움을 제공하는 엔터테인먼트 콘텐츠로 자리 잡고 있다.

3) 대리만족

먹방은 직접 음식을 먹지 않아도 맛과 식감을 상상하며 대리만족을 느낄 수 있는 콘텐츠이다. 크리에이터들이 맛을 상세히 묘사하면 시청자들이 이를 상상하며 공감하는 과정에서 간접적으로나마 식욕을 충족할 수 있다. 현실에서 특정 음식을 접할 수 없는 상황에서도 먹방을 통해 간접적으로 그 맛을 체험하며 만족을 얻는다. 이러한 과정에서 시청자는 미디어를 통해 정보를 수집하고 미각적 상상을 확장하며, 이는 인지적 충족의 한 형태로 작용하여 먹방을 지속적으로 소비하는 동기로 연결된다.

즉 먹방의 핵심 기능 중 하나는 대리적 섭식(vicarious eating)이다. 먹방은 음식 갈망 해소, 간접적 식사 경험, 시청각적 자극을 통한 대리 포만감을 제공한다. 시청자들은 실제 음식 섭취 없이도 가상의 식사 경험을 통해 대리 만족을 얻고자 먹방을 시청한다. 특히 다이어트 중인 사람들은 먹방을 통해 대리 포만감을 얻고 음식의 즐거움을 간접적으로 느끼며, 실제로 먹지 않고도 마음껏 먹는 듯한 독특한 음식 판타지를 경험한다(Grant, 2015).

이처럼 먹방은 시청자들에게 대리만족을 제공하여, 쉽게 구하기 어렵거나 칼로리 부담으로 자주 먹기 힘든 음식을 화면을 통해 간접적으로 경험하게 한다. 일부 시청자는 실제로 음식을 섭취하지 않으면서도 먹방을 시청하며 식욕을 해소하거나 만족감을 느끼는데, 이는 다른 엔터테인먼트 콘텐츠와 비교하여 먹방에서 극대화되는 기능 중 하나이다. 영화나 게임과 같은 콘텐츠로 대리 만족이 가능하지만, 먹방은 시각적 요소뿐만 아니라 소리(ASMR)와 크리에이터의 생생한 표현을 통해 후각과 미각까지 상상하게 만들어 더욱 강한 대리 만족 효과를 불러일으킨다.

즉 먹방은 음식의 시각적, 청각적 요소를 극대화하여 감각적 몰입감을 높이고, 시청자가 마치 직접 음식을 먹는 듯한 기분을 느끼도록 유도한다. 이러한 대리만족의 요소는 먹방을 단순한 정보 제공이 아닌, 감각적 즐거움을 극대화하는 독특한 미디어 경험으로 자리 잡게 한다.

4) 현실 도피와 스트레스 해소

먹방은 현실도피와 스트레스 해소의 기능을 수행하며, 이는 푸코의 헤테로토피아(heterotopia) 개념과 연결될 수 있다. 현실에서 쉽게 접하기 어려운 다양한 음식이나 과도한 폭식을 간접적으로 경험하면서, 시청자들은 일상의 제약에서 벗어나 심리적 해방감을 얻고 일탈을 경험하기도 한다. 이는 유원지나 카지노처럼 일상의 규범과는 다른 규칙이 적용되는 공간에서 사람들이 일시적으로 현실을 잊고 쾌락을 추구하는 것과 유사하다.

먹방은 단순한 음식 소비를 넘어, 시청자들이 가상공간에서 새로운 정체성을 형성하고 커뮤니티와 연결되는 장소로 기능한다. 일상생활의 불만족이나 불편한 측면을 회피할 수 있는 공간으로, 개인적인 어려움이나 문제를 잊은 상태로 상호작용하게 된다. 이를 통해 스트레스를 해소하기도 하며, 먹방은 사회적, 오락적 요소를 통해 시청자들에게 현실도피처를 제공하고 있는 것이다(Hong & Park, 2018; Sanskriti et al., 2023).

푸코의 헤테로토피아 관점에서 바라보면 먹방은 단순한 오락적 콘텐츠를 넘어, 현대인의 결핍을 보완하는 대체적 공간으로 작동한다. 일반적인 엔터테인먼트 콘텐츠가 일시적인 재미와 감각적 즐거움을 제공하는 데 초점을 맞춘다면, 먹방은 현실에서 경험하기 어려운 과식, 이색적인 음식 섭취, 사회적 교류를 가상 공간에서 가능하게 하며 정서적 위안을 제공한다. 이는 단순한 시청 행위를 넘어, 현실의 규범과는 다른 질서가 작동하는 공간에서 시청자들이 새로운 경험을 체험하고 심리적 해방감을 얻도록 돕는다. 이를 통해 일탈행위를 통한 사회적 안전장치로도 기능할 수 있다.

이러한 현실 도피 성향은 다른 온라인 활동에서도 공통적으로 발견될 만큼 온라인 활동에서의 주요 시청동기로 작용한다. 온라인 게임은 현실 세계 속에서 유발되는 다양한 부정적 감정을 회피하기 위해, 게임이라는 가상 세계로의 몰입으로 스트레스를 해소하고 현실 속에서 도피할 수 있게 한다(Kim et al., 2017). 소셜 미디어 이용도 현실 속에서의 다양한 고민을 잊기 위한 수단으로 활용된다(Kwon & Kwon, 2013).

그러나 이러한 현실 도피성의 온라인 이용과 충족은 장기적인 해결책이 되지 못한다. 비현실적이고 일시적인 만족감에 그치기 때문에, 현실의 욕구를 온라인 콘텐츠를 통해 반복적으로 충족하려는 시청자들은 점차 더 자극적인 콘텐츠를 찾게 되며, 이는 중독적인 사용으로 이어질 위험이 있다(Kircaburun et al., 2021). 특히, 먹방과 같은 콘텐츠는 현실의 문제를 외면하거나 해결하지 않고 단기적인 위안에 의존하게 함으로써 개인의 정서적 건강에 부정적인 영향을 미칠 수 있다. 이러한 콘텐츠가 제공하는 스트레스 해소는 순기능으로 작용할 수 있으나, 자칫 역기능으로 연결되기 쉽다는 점에서 우려를 자아낸다. 먹방의 역기능에 대한 논의가 병행되어야 하는 이유이다.

3 먹방의 역기능

먹방 시청의 주요 부정적 영향으로는 ① 음식 소비 증가, ② 부정적 식습관 ③ 신체에 대한 고정관념과 편견 조장 ④ 중독적 시청 행태 등이 있다. 먹방의 역기능을 각각 살펴보면 다음과 같다.

1) 음식 소비 증가

먹방은 시청자들에게 대리 만족과 정서적 위안을 제공하는 긍정적인 기능을 수행하지만, 동시에 음식 소비 증가라는 역기능도 초래할 수 있다. 먹방의 핵심 요소 중 하나는 감각적 몰입을 극대화하는 연출 방식인데, 크리에이터들은 시각적으로 자극적인 음식과 생생한 소리(ASMR)를 활용하여 시청자의 식욕을 자극한다. 이러한 콘텐츠를 반복적으로 접하다 보면, 무의식적으로 음식 소비 욕구가 증폭될 가능성이 높아진다. 특히, 야식이나 고칼로리 음식을 강조하는 먹방 콘텐츠는 특정 음식 소비의 증가를 초래할 수 있다.

대표적인 예로 젤리 시장의 성장을 들 수 있다. 다양한 색감과 쫀득한 식감을 강조하는 젤리 먹방 콘텐츠는 시청자들의 시각적, 청각적 만족감을 극대화하며, 이를 통해 젤리에 대한 관심과 구매 욕구를 자극한다. 특히, ASMR과 결합된 젤리 먹방은 젤리의 씹는 소리를 강조하여 감각적 몰입을 높이고, 결과적으로 젤리 소비 증가로 이어지고 있다. 이러한 트렌드는 젤리뿐만 아니라, 불닭볶음면, 치즈, 대왕 크로와상 등 특정 음식의 유행을 주도하며, 먹방이 식품 소비에 미치는 강력한 영향력을 보여준다.

특히 먹방의 시청에 따른 충동적인 식품 구매도 문제이다. 비합리적 소비(irrational consumption)는 사전계획이 없이 이루어지는 구매심리나 소득을 초과한 구매를 하려는 심리적인 행동을 의미하는데(정준, 1997), 먹방은 이와 같은 비합리적 소비와 연관되기도 한다. 예를 들면 전창영과 지윤호(2021)는 시청동기가 정보의 습득인 시청자의 경우 먹방을 시청하는 시청자의 경우 먹방을 보고 타인보다 먼저 식품을 구매하여 다른 사람에게 과시하려는 성향이 나타난다는 것을 발견하였다. 이를 위해 계획에 없던 외식 소비를 하는 결과가 나타나기도 했다. 또한 즐거움을 이유로 먹방을 시청하는 시청자들에게는 다른 동기를 가진 시청자들에 비해 모방소비 및 충동구매성향이 강하게 나타났다.

시청자가 먹방에 대한 시청 만족감이 높은 경우에 나타나는 모방구매 의도 역시 그 정도에 따라 문제가 될 수 있다. 먹방 시청에 만족한 소비자들은 먹방에 소개된 음식을 따라서 먹어보고 싶어 하는 의도가 높은 것으로 나타났다(서선희, 2022; 유선욱 외, 2021). 시청 콘텐츠에 만족한 소비자들은 지속적으로 콘텐츠를 소비하고, 먹방을 보는 시간이 늘어날수록 먹방의 진행자를 신뢰하고 이를 따라서 먹어보고 싶어하는 의도가 능가하게 된다는 것이다. 이러한 모방 구매는 과도한 모방이 아니라면 문제가 되지 않을 수 있으나, 먹방에서 먹는 음식의 종류가 건강에 좋지 않은 음식이거나 과도한 양을 먹는 모습을 따라하는 경우에는 소비자의 건강에 부정적인 영향을 미친다.

이러한 모방 구매 의도는 먹방의 콘텐츠가 광고를 포함하기도 한다는 점에서 문제가 된다. 2020년에 있었던 이른바 '뒷광고' 논란은 인기 유튜버가 협찬을 받았다는 사실을 정확히 밝히지 않아 문제가 되었다. 소비자는 콘텐츠가 광고임을 인식하게 되면 광고를 이성적이고 비판적으로 시청하게 되며, 이러한 사고 과정 때문에 구매 의도가 감소하는 경향이 나타난다(Evans et al., 2017; Stubb & Colliander, 2019). 그러나 반대로 광고임을 인지하지 못한다면 액면 그대로 받아들이고 구매에 영향을 받을 수 있게 된다. 특히 뒷광고를 할 수 있는 먹방 진행자들은 보통 상당한 숫자의 팔로워를 가진 인플루언서이기 때문에, 이들이 팔로워들에게 미치는 영향력은 전통 미디어보다 더욱 강력하다(Abidin, 2016; De Veirman et al., 2017).

무엇보다 먹방에서 보여지는 대량 섭취가 시청자들에게 정상적인 식사량에 대한 기준을 왜곡시킬 위험성이 있다. 특히, 반복적으로 이러한 콘텐츠를 접할 경우, 일반적인 식사량이 상대적으로 적게 느껴지거나, 과식을 당연한 것으로 받아들이게 될 가능성이 높다. 또한, 일부 먹방 크리에이터들은 특정 음식을 빠른 속도로 다량 섭취하는 장면을 연출하며 이를 하나의 엔터테인먼트 요소로 활용하는데, 이는 시청자들에게 비현실적인 식사 습관을 학습시키는 역할을 할 수 있다. 이러한 왜곡된 식사 기준은 개인의 식습관뿐만 아니라 사회 전반의 음식 소비 패턴에도 영향을 미칠 수 있으며, 결과적으로 음식물 낭비 증가와 지속가능한 식문화 형성에 부정적인 영향을 줄 수 있다.

음식 소비 증가는 환경과 지속가능성 측면에서 짚어봐야 한다. 먹방 콘텐츠가 유발하는 음식물 낭비는 식량 자원의 비효율적인 사용뿐만 아니라, 온실가스 배출 증가와 같은 환경적 영향을 초래한다. 실제로 일부 먹방 크리에이터들은 과도한 양의 음식을 소비하는 모습을 연출하며 시청자의 관심을 끌기도 하는데, 이는 음식의 대량 소비를 조장하고 식량 생산과 폐기 과정에서의 환경 부담을 가중시킬 위험이 있다. 특히, 육류 중심의 먹방 콘텐츠는 가축 사육으로 인한 탄소 배출 문제를 악화시킬 수 있으며, 이는 지속가능한 식량 소비와는 거리가 먼 방향으로 작용할 가능성이 크다. 또한, 기업들이 먹방을 활용한 마케팅을 적극적으로 전개하면서 음식 소비를 부추기고 있어, 환경 보호와 자원 절약을 고려한 균형 있는 소비문화 형성에 부정적 영향을 미치고 있다는 점을 주시해야 할 것이다.

2) 부정적 식습관 형성

먹방이 아프리카TV에서 처음 시작됐을 때는 골방의 작은 구석에서 방송이 이루어졌다. 초기 먹방의 BJ와 시청자 대부분은 고립된 개인들이었으며, 혼자 거주하는 사람들의 식사 중 경험하는 외로움은 폭식 위주 먹방 콘텐츠 수요를 증가시키는 주요 원인이 되었다(Sanskriti et al., 2023). Malm과 Hornborg(2014)는 외로운 사람들이 먹방에 중독될 수 있다고 지적했으며, 이는 비만, 과식, 섭식 장애, 부적절한 식습관과 식사 예절 형성으로 이어질 수 있다고 보았다.

반복적인 먹방 시청은 과도한 섭취를 일상적인 것으로 인식하게 만들며, 이는 건강에 부정적인 영향을 미칠 수 있다. 폭식은 짧은 시간 동안 과도한 양의 음식을 섭취하는 행위를 의미하며, 종종 통제력 상실과 함께 나타난다. 먹방에서는 진행자들이 제한된 시간 내에 많은 음식을 빠르게 먹는 장면이 자주 등장하는데, 이는 시청자들이 이러한 행위를 모방하도록 자극할 수 있다. Donnar(2017)는 먹방이 진행자와 시청자 모두에게 문제적 식습관을 조장한다고 지적했으며, 특히 폭식의 반복이 섭식 장애로 이어질 수 있다고 경고했다.

즉, 먹방에서 보이는 과다 섭취를 모방하면서 폭식과 같은 섭식 장애가 발생할 수 있다. 특히, 먹방에서 크리에이터들이 힘들이지 않고 많은 양의 음식을 섭취하는 모습을 반복적으로 접하면, 시청자들은 비정상적인 식사 패턴을 정상적인 것으로 오인할 위험이 크다. 이러한 영향은 폭식이나 식이 조절 실패로 이어질 가능성이 있으며, 음식 섭취에 대한 비현실적인 기대를 형성할 수 있다. 또한, 일부 시청자들은 먹방을 보면서 본인의 식사량을 의식하거나 비교하게 되어, 정상적인 식습관을 유지하는 데 어려움을 겪을 수도 있다. 결과적으로, 먹방 콘텐츠가 무분별하게 소비될 경우 개인의 신체적·정신적 건강에 부정적인 영향을 미칠 수 있으며, 건강한 식문화 형성을 저해할 우려가 있다.

특히, 이미 섭식 장애(거식증, 폭식증, 폭식 장애 등)가 있는 사람들의 경우, 먹방 시청은 증상을 악화시키는 위험 요인이 될 수 있다. 건강 취약계층, 특히 섭식 장애를 앓고 있는 사람들은 먹방을 보면서 음식에 대한 집착이 심해지거나, 자신의 식습관과 비교하며 불안감을 느낄 가능성이 크다. 또한, 경제적으로 어려운 계층은 먹방을 통해 원하는 음식을 간접적으로 경험하지만, 이는 오히려 상대적 박탈감을 키우고 심리적 스트레스를 유발할 수 있다. 영양 불균형 문제를 겪고 있는 사람들에게도 먹방은 건강한 식습관을 형성하기보다는 비정상적인 식사량과 패턴을 조장하는 역할을 할 수 있다. 따라서, 먹방 콘텐츠의 영향이 모든 시청자에게 동일하게 작용하는 것이 아니라, 건강 취약계층에게는 부정적인 영향을 미칠 가능성이 크다는 점을 고려해야 한다.

또한, 섭식 장애는 자해, 극단적 체중 변화, 자살 위험 증가 등 심각한 건강 문제를 동반한다. 단순히 비만 문제로 국한되지 않고, 정신 건강 문제와 밀접하게 연결되어 있으며, 우울증과 불안 장애를 유발하거나 악화시킬 가능성이 크다. 특히, 섭식 장애를 겪는 사람들은 음식에 대한 강박과 죄책감을 반복적으로 경험하며, 이는 전반적인 삶의 질을 저하시킬 뿐만 아니라 사회적 고립을 초래할 수 있다. 또한, 섭식 장애로 인해 신체 건강이 악화되면 심혈관 질환, 골다공증, 소화기계 장애 등 다양한 질병으로 이어질 위험도 커진다. 따라서, 먹방 콘텐츠가 비만 유발 요소로만 논의되는 것이 아니라, 섭식 장애와 정신 건강 문제를 포함한 더 넓은 차원에서 고려될 필요가 있다.

3) 신체에 대한 고정관념과 편견 조장

먹방은 왜곡된 신체상을 조장할 수 있다. 마르고 날씬한 진행자의 대량 음식 섭취는 폭식을 정상화하며, 동시에 날씬한 체형과 건강 유지가 양립 가능하다는 비현실적 믿음을 유도할 수 있다. 많이 먹어도 살이 찌지 않는 진행자들의 모습이 시청자들에게 왜곡된 신체상을 심어주고 다이어트 의지를 약화시킬 수 있는 것이다. 마른 체형 크리에이터의 과다 섭취는 특히 청소년과 젊은 층에게 부정적인 영향을 미칠 수 있다. 일부 유명 유튜버들은 고칼로리 음식을 빠르게 섭취하면서도 날씬한 외모를 유지하는 모습으로 주목받으며, 이는 폭식과 건강에 대한 잘못된 인식을 강화하여 성장기 청소년에게 부정적인 영향을 미칠 수 있다.

특히 자기 몸에 대한 인식이 아직 형성 중인 청소년들은 이러한 콘텐츠에 더욱 취약하다. 외모에 민감한 시기의 청소년은 무리한 다이어트나 식습관 왜곡으로 이어질 가능성이 높으며, 이는 섭식장애나 자존감 저하로 연결될 수 있다. 또한 장애나 질병 등으로 인해 식사에 제약이 있는 아동·청소년은 먹방 콘텐츠를 접하며 소외감이나 무력감을 느낄 수 있다.

특히, 이러한 콘텐츠는 건강한 식습관보다 극단적인 식이 조절이나 단기적인 체중 감량에 대한 관심을 유도할 가능성이 크다. 이에 따라, 먹방 콘텐츠 제작자들은 균형 잡힌 식사 습관을 강조하는 방향으로 콘텐츠를 기획할 필요가 있으며, 플랫폼 차원에서도 왜곡된 신체상을 조장할 위험이 있는 콘텐츠에 대한 가이드라인을 마련해야 한다. 먹방이 긍정적인 엔터테인먼트 요소를 유지하면서도 건강한 식문화를 형성하는 데 기여할 수 있도록, 제작자와 시청자 모두의 인식 개선이 필요하다.

특히 한국은 OECD 국가 중 비만율이 가장 낮음에도 60%가 자신을 '과체중'이라고 인식하며, 이는 세계 평균(49%)보다 10% 높다. 이러한 인식은 비만에 대한 기피와 죄책감을 야기하고, 성별과 나이를 불문한 성형과 다이어트 열풍으로 이어진다. 특히 여성층에서 이러한 경향이 두드러진다(김혜진, 2015). 이러한 맥락에서 먹방이 비만에 미치는 부정적 영향뿐만 아니라 신체에 대한 고정관념에 미치는 영향력도 깊은 관심과 사회적 논의가 요청된다.

4) 중독적 시청

먹방 시청의 역기능 중 하나는 중독적 시청 행태이다. 반복적으로 먹방을 시청하면서 시청자는 점점 더 자극적인 콘텐츠를 원하게 되며, 이는 중독으로 이어질 위험이 있다. 특히 외로움이나 스트레스를 해소하기 위해 먹방을 시청하는 사람들은 점차 시청 빈도와 시간의 증가를 경험할 수 있다. 이러한 중독적 시청은 일상생활에 부정적인 영향을 미치며, 현실 세계의 식사 습관에도 부정적인 영향을 줄 수 있다. 예를 들어, 시청자는 실제 식사 시에도 방송에서 본 대량 섭취를 모방하거나, 자신도 모르게 과식을 하게 될 수 있다.

보상적 인터넷 사용 모델(compensatory Internet use model)에 따르면, 개인은 충족되지 않은 오프라인 욕구를 온라인 활동(SNS, 인터넷 포르노, 게임, 도박 등)으로 보상받으려 한다. 이 과정에서 특정 온라인 활동에 과도하게 몰입할 수 있다(Kardefelt-Winther, 2014). 먹방을 통해 심리적 보상을 얻는 시청자들은 반복적 시청 행동을 보이며, 이는 중독적 성향으로 발전해 심각한 문제적 사용(problematic use)으로 이어질 수 있다(Kircaburun et al., 2021).

특히 먹방은 소셜 네트워크(SNS)와 온라인 스트리밍 플랫폼을 통해 주로 제공되기 때문에 이는 인터넷 중독 자체로 연결될 수도 있다. 인터넷 중독은 우울증, 불안, 불면증, 수면 질 저하, 학업 실패, 대인관계 문제를 초래하게 된다. 먹방 중독 연구에 따르면 일부 먹방 시청자들은 집착, 내성, 금단, 충돌, 기분 조절 실패 등 중독과 유사한 증상을 보였다(Kircaburun et al., 2021). 집착과 관련하여, 모든 참여자가 새로운 먹방 콘텐츠를 기다리며 지속적으로 먹방을 생각한다는 공통점이 발견되었다. 또한 '금단 증상'에서는 먹방을 시청하지 못할 때 참여자들이 불안, 분노, 스트레스 등을 경험했다. 문제적 폭식 시청은 우울, 분노, 불안 등 금단 증상과 관련된 부정적 감정과 밀접한 연관성을 보였다(Flisher,

2010; Starosta et al., 2021).

또한 내성(tolerance)이 먹방 중독의 결과로 나타났는데 먹방 시청 시간이 점진적으로 증가함에 따라 만족감을 얻기 위해 더 많은 콘텐츠를 소비하는 경향을 보였다. 또한 과도한 먹방 시청으로 다른 취미나 활동에 대한 관심이 감소했으며, 폭식 시청에 대한 강박적 욕구로 사회적 활동 참여 의욕이 저하되는 사례도 보고되었다(Flayelle et al., 2019). 문제는 참가자들이 부작용을 경험하면서도 과도한 먹방 시청을 지속했다는 점이다. 먹방 중독은 수면 장애를 유발하고, 이는 업무 능력 저하와 일상생활의 문제로 이어졌다(Kircaburun et al., 2024).

즉 먹방 시청은 일부 시청자에게서 중독으로 발전할 수 있으며, 정신적, 신체적, 사회적 건강에 해로운 영향을 미칠 수 있다. 반복적으로 먹방을 시청하면 음식에 대한 집착이 심화될 수 있으며, 이는 식습관의 불균형과 체중 증가뿐 아니라 일상생활에서의 집중력 저하와 사회적 고립으로 이어질 수 있다. 이러한 영향은 특히 청소년 및 청년층에게 더 큰 영향을 미칠 수 있어 가정과 학교에서 특별히 주시해야 할 점이다. 먹방에 대한 사회적 논의가 강화되어야 하는 이유이다.

4 먹방에 대한 사회적 논의

우리 사회와 개인의 문화·사회적 맥락은 미디어에 반영되며, 미디어가 만들어내는 현상은 다시 우리에게 영향을 미치면서 사회와 개인의 욕구를 이해하게 한다. 미디어 속 현상과 실제 세계의 상호작용을 이해하는 것은 우리 사회를 성찰할 수 있는 기회를 제공한다. 먹방은 사회적 관계의 연결감을 강화하고 다양한 충족을 주지만, 동시에 왜곡된 신체상 조장이나 음식 소비 증가와 같은 부정적인 영향도 수반할 수 있다. 따라서 먹방 콘텐츠가 가지는 순기능과 역기능을 균형 있게 논의하며, 보다 건강한 방향으로 발전할 수 있도록 사회적 관심과 논의가 필요하다. 미디어 소비자들은 먹방을 단순한 오락 요소로만 받아들이기보다, 그 이면의 사회적 의미와 영향을 비판적으로 성찰하는 태도를 가질 필요가 있다.

먹방이 불건강한 식습관과 정신 건강에 부정적 영향을 미칠 수 있음은 먹방 콘텐츠에 대한 비판적 수용과 적절한 사회적 규제가 필요함을 시사한다. 특히 청소년층의 건강과 식습관 형성에 대한 먹방 콘텐츠의 영향은 더욱 면밀한 검토가 필요하다. 청소년기의 잘못된 식습관은 비만, 만성질환, 정신적 불안을 초래할 수 있어, 이에 대한 미디어 리터러시 교육과 건강한 콘텐츠 제작 가이드라인 마련이 시급하다.

청소년들은 음식 콘텐츠를 TV 보다는 유튜브나 소셜미디어 같은 온라인 플랫폼에서 더 자주 접하며, 온라인 음식 시장은 청소년을 적극적으로 타깃팅하고 있다. 김수경 외(2020)의 연구에 따르면, 청소년의 먹방 시청 빈도가 높을수록 식습관 점수가 낮아지는 경향을 보였다. 연구진은 이러한 현상이 먹방에서 주로 다루는 기름진 음식, 패스트푸드, 인스턴트 식품의 과다 섭취와 관련이 있다고 분석했다. 특히 건강 관련 행동을 쉽게 모방하는 청소년의 특성상 이러한 식습관이 부정적으로 작용했다고 보았다. 시청 동기에 따라서도 영향이 달라져, 단순히 재미를 추구하는 경우 식습관이 더 좋지 않은 경향을 보였다(안순태 · 이지윤, 2021).

청소년이 미디어를 보면서 식사나 간식을 먹는 행위는 바람직하지 않은 식습관으로 이어진다. 구체적으로 고칼로리 음식(짠 음식, 튀긴 음식, 탄산음료, 단 음식)의 소비는 증가하고 과일과 채소의 섭취는 감소한다. 또한 청소년들은 온라인 미디어 노출로 인한 신체적 불만족감 등 부정적 감정의 영향을 크게 받을 수도 있다. 청소년기는 급격한 성장기로 균형 잡힌 영양소 섭취가 필수적이며, 이 시기의 영양 상태는 평생의 건강과 만성질환 발생에 직접적인 영향을 미친다. 따라서, 먹방과 같은 콘텐츠 소비가 청소년의 식습관 형성에 미치는 영향을 면밀히 분석하고, 건강한 미디어 이용 습관을 기르는 교육적 개입이 필요하다.

청소년의 식습관은 개인적 관계, 가족 환경, 공동체, 사회적 맥락 등 여러 요인에 영향을 받는데, 그 중에서도 미디어 환경이 결정적인 역할을 한다. 건강한 먹방 시청 가이드라인과 먹방 인플루언서들의 사회적 책임성 인식이 요청되는 이유이다. 동시에 콘텐츠를 비판적으로 이해하고 수용하는 미디어 리터러시 교육과 건강에 영향을 미치는 정보에 대한 분석적 이해 능력을 함양하는 헬스 리터러시 교육도 병행되어야 한다. 먹방의 순기능과 역기능에 대한 논의가 동시에 이루어져야 하는 이유이다.

CHAPTER 12

먹방과 결핍, 그리고 충족

1 먹방을 통한 한국 밥상문화의 전파

먹방(Mukbang)은 2012년 인터넷 방송을 중심으로 인기를 얻기 시작하며 최근까지 다양한 사회적, 문화적 영역과 결합하여 새로운 가치를 창출하는 중요한 문화 현상으로 진화해 오고 있다(〈그림 12-1〉). 확산기인 2015~2016년에 국제적으로 주목받기 시작하여 성숙기인 2017~2019에 Mukbang이라는 용어로 정착되고, 한류 콘텐츠의 대표 주자로 부상하면서 2021년 옥스퍼드 영어사전에 '먹방(Mukbang)'으로 등재되었다. 옥스퍼드 영어사전에 따르면 먹방(Mukbang)은 '시청자와 상호작용하며 많은 양의 음식을 먹으며 진행되는 방송'이다.

먹방은 가상공간에서 함께 식사를 하며 소통하거나 심리적으로 연결되는 디지털 시대의 새로운 밥 문화로, 전통적인 식사 문화와 달리 혼자 식사를 하더라도 타인과의 연결을 추구한다. 옥스퍼드 사전의 정의에도 상호작용이 들어가 있는 이유이다. 상호작용은 언어적 또는 비언

그림 12-1 먹방의 시작과 발전 단계[1)]

단계	내용
도입기 (2012년)	• 미디어에 먹방이 소개되기 시작함. • 인기 BJ 중심으로 인터넷 방송에서 인기를 얻음. • 음식을 먹는 모습을 생생하게 보여주며 시청자와의 소통을 중요시함.
성장기 (2013~2014년)	• 다양한 포맷과 주제로 콘텐츠가 다양화되며, 대중문화 현상으로 자리 잡음. • 연예인들의 참여와 가족 단위의 먹방이 인기를 얻음. • SNS 음식 사진 공유 유행.
확산기 (2015~2016년)	• 언론에서 큰 주목을 받으며, 국제적으로 주목받기 시작. • 지역 경제 활성화에도 기여함. • TV 프로그램을 통해 먹방 콘텐츠가 확장되고, 다양한 국가의 문화와 음식을 소개함.
성숙기 (2017~2019년)	• 취향과 문화를 담은 콘텐츠로 발전. • 국내외에서 먹방에 대한 규제가 강화되며, 건강 우려가 대두됨. • ‘Mukbang‘이라는 용어로 정착되며 한류 콘텐츠의 대표주자로 부상함.
정착기 (2020~2023년)	• 코로나19 팬데믹으로 인한 온라인 콘텐츠 확대와 함께 글로벌 시장에서 새로운 기회 모색함. • 콜린스와 옥스퍼드 영어 사전에 먹방 단어 등재. • 다양한 변화를 겪으며 사회적, 문화적 영향력을 확대함.

어적 방식으로 이루어질 수 있으며, 예를 들어, 방송자가 별다른 말을 하지 않고 음식을 먹기만 하더라도 시청자들은 댓글을 통해 의견을 나누며 소통할 수 있다. 또한 시청자가 적극적으로 댓글을 달거나 방송자와 직접 대화를 나누지 않더라도, 함께 같은 화면을 바라보며 식사하는 경험 자체가 일종의 소통 역할을 하기도 한다. 이는 전통적인 식사 문화에서 가족이나 친구와 함께 밥을 먹으며 느끼는 유대감과 유사한 심리적 효과를 가져올 수 있다.

다시 말해 먹방을 시청하는 것만으로도 정서적 교류가 이루어진다고 볼 수 있다. 방송자가 음식을 즐기는 모습을 지켜보며 시청자는 대리

1) 안소현 · 황조혜 (2024). 빅카인즈를 활용한 먹방 트렌드 분석. 관광학연구, 48(4), 9-35.

만족을 느끼거나, 특정한 음식과 관련된 개인적인 추억을 떠올릴 수도 있다. 실시간 채팅이나 댓글 참여 없이도 같은 방송을 시청하는 사람들 사이에는 암묵적인 공감대가 형성될 수 있는 것이다. 이러한 점에서 먹방은 단순한 1인 방송을 넘어, 시청자들에게 소속감과 연결성을 제공하는 새로운 형태의 디지털 커뮤니케이션 방식이라 할 수 있다.

먹방이 시작되고 확산되던 초기에는 먹방을 전통적 식문화에 대한 저항의 일환으로 바라보기도 했다. 홍석경과 박소정(2016)은 한국의 음식문화가 본질적으로 건강을 중시하며, 밥상공동체를 통해 정과 유대를 나누었는데, 인터넷 먹방의 등장으로 이러한 음식 문화의 가치와 전통적 정체성이 흐려졌다고 했다. 음식 조리나 건강을 고려하는 대신, 인스턴트, 냉동, 배달 및 편의점 음식 등 고칼로리의 자극적인 음식을 주로 다루었고 먹방 BJ들은 식사 예절보다는 소통에 중점을 두며, 음식을 섭취하는 소리를 오히려 강조하기 때문이다. 먹방의 자극적이고 불량한 음식문화가 전통적 가치에서 크게 벗어났다는 지적이다.

같은 맥락에서 밥의 전통적 이미지에 주목하며, 식탁을 통해 일상적 가치와 건강, 가족 결속력을 강화하고자 했던 정신적 가치가 혼밥과 먹방의 등장으로 단순 오락이자 쾌락 추구의 도구로 변질되었다는 지적도 있다(김수인 외, 2016). 전통적 가족구조의 해체와 1인 가구의 증가, 개인주의 심화, 경기 불황 속에서 전통적 밥상머리 교육과 가족, 공동체 의식 형성의 약화가 사회적 문제를 야기한다고 관점이다.

그러나 본 저서를 통해 살펴보았듯이 온라인 먹방은 전통적인 밥상머리 교육의 개념, 식사문화의 개념, 공동체 의식 형성 등을 디지털 공간에서 진화된 방식으로 재현하고 있기도 한다. 한국 문화에서 밥상은 단순한 식사 공간이 아니라, 공동체의 결속을 상징하는 중요한 문화적 요소이며 밥상을 통해 가족과 공동체는 서로의 삶을 나누고 지지하며, 정서적 안정과 유대를 형성한다. 먹방은 차려진 밥상을 공유하며 소통하는 공간으로 기능하며, 소통은 댓글 등을 통한 직접적 의사 표현뿐만 아니라 심리적으로 연결되었다는 감정적 유대감을 형성하는 것을 포함한다.

즉, 먹방은 단순히 음식을 보여주는 것을 넘어서 정서적, 감정적 교류가 이루어지는 공간이다. 말없이 먹기만 하는 먹방의 경우도 한국의 전통 밥 문화 특성을 반영한다. 음식을 먹는 행위에 집중하며 조용히 식사하는 것도 한국의 전통 밥 문화의 일부이기 때문이다. 아무말 없이 먹기만 하는 먹방을 조용히 지켜보는 것 역시, 음식을 매개로 한 전통문화의 변형된 새로운 밥 문화로 볼 수 있다.

먹방 초기부터 건강에 좋지 않은 음식이나 식사 예절의 훼손에 대한 우려가 제기되어 왔지만, 먹방 콘텐츠는 다양한 내용으로 세분화되어 진화하고 있다. 초기 먹방이 단순히 많은 양의 음식을 먹는 방식에 초점이 맞춰졌다면, 최근에는 건강식 먹방, 소식(小食) 먹방, 비건 먹방 등으로 확장되며 다양한 식문화를 반영하고 있다. 또한, 음식과 식습관에 대한 정보를 제공하는 교양형 먹방이나 특정 지역의 전통 음식을 소개하는 먹방도 등장하면서, 단순한 오락을 넘어 정보적 역할도 수행하고 있다. 결국, 전통문화를 해치거나 식습관에 미치는 부정적 영향은 먹방 자체의 문제가 아니라, 이를 어떻게 소비하고 활용하느냐에 따라 달라질 수 있으며, 교육과 사회적 논의를 통해 접근해야 할 부차적인 문제로 평가된다.

즉 새로운 문화현상인 먹방의 역기능을 줄이고 순기능을 극대회하기 위해서는 시청자들의 헬스 리터러시(health literacy)가 논의되어야 한다. 먹방 콘텐츠를 무비판적으로 소비하는 것이 아니라, 영양 정보와 균형 잡힌 식습관에 대한 이해를 바탕으로 올바르게 받아들이는 태도가 필요하다. 특히, 청소년과 같은 취약계층은 먹방을 통해 형성된 식습관이 장기적인 건강에 영향을 미칠 가능성이 크므로, 올바른 식생활 교육이 더욱 중요하다. 무분별한 폭식형 먹방이나 건강에 해로운 음식 중심의 콘텐츠가 청소년들에게 부정적인 영향을 미칠 수 있는 만큼, 콘텐츠 제작자와 플랫폼의 책임도 함께 논의될 필요가 있다.

우리의 밥상 문화가 변화하고 있음에도 밥상의 상징성은 여전히 한국인의 정서와 사회적 관계의 핵심이다. 먹방은 전통적으로 밥상머리가 담당했던 사회적 기능을 디지털 방식으로 재해석하여 그 기능을 수행하고 있다. 우리 전통 문화에서 한 상에서 식사를 하며 경험과 지혜를 전달하고 가족의 가치를 나누는 공간이 밥상이었다면 오늘날 친근한 먹방 유튜버를 보며 댓글로 상호작용하는 형식은 새로운 방식의 소통이고 유대라고 보여진다. 전통적인 밥상을 디지털 공간에서 재구성한 형태로, 먹방 시청자들은 유튜버와의 가상 상호작용을 통해 정서적, 감정적 교류를 하고, 댓글을 통해 관계성을 형성하기도 한다.

무엇보다 전통적인 밥상이 가족 간의 유대와 가치를 중심으로 한 공동체였다면 디지털 먹방은 시간과 공간을 초월하여 관계를 맺고 소통하는 확장된 범국가적 밥상 공동체이다. 범국가적 공동체로서 상호작용은 더 폭넓고 즉각적이다. 대표적인 한류 콘텐츠로 부상할 수 있었던 것도 음식을 함께 나누며 유대가 형성되고 그 속에서 관계 맺음이 이루어졌기 때문일 것이다.

먹방은 한국의 밥상문화를 근간으로 디지털 미디어가 만들어낸 새로운 형태의 관계 맺기이며, 전 세계적으로 확산되는 이유는 단순한 음식 콘텐츠 이상의 의미를 가지기 때문이다. 많은 사람들이 정서적 교류의 결핍, 사회적 고립, 또는 현대 생활에서의 관계 단절을 경험하고 있으며, 먹방은 이러한 심리적 갈등과 외로움을 해소하는 대안적 공간을 제공한다. 음식을 함께 먹는 행위를 통해 유대감을 형성하고, 타인과 연결되고자 하는 보편적인 인간의 욕구가 디지털 환경 속에서 새로운 방식으로 구현된 결과라 할 수 있다.

2 먹방과 결핍

먹방은 단순한 음식 섭취를 넘어, 결핍을 채우는 엔터테인먼트이자 소통의 장이다. 먹방이 탄생하고 폭발적으로 성장한 배경에는 현대 사회에서 1인 가구가 증가하는 흐름이 중요한 맥락으로 작용했다. 경제적 관점에서는 먹방이 불황의 반증으로 해석되기도 한다. 경제적 불황이 불행감을 확산시키고, 직접 요리를 하거나 제대로 된 식사를 할 여건이 안 되는 사람들에게 먹방이 최소한 시각적 연회를 제공함으로써 대리적 충족을 주는 역할을 한다는 분석이다(장윤재 · 김미라, 2016).

즉 현대인들이 경험하는 다양한 형태의 결핍은 먹방이 인기를 얻고 있는 배경이다. 경제적 부담과 취업난, 생활비 증가, 주거 마련의 어려움은 오프라인에서의 사회적 관계 형성을 어렵게 만들어, 결과적으로 친구나 연인과의 만남보다 경제적 부담이 적은 온라인 공간에서의 느슨한 소통을 선호하게 한다. Z세대를 비롯한 젊은 층에서는 연애, 결혼, 출산뿐만 아니라 내 집 마련과 인간관계마저 포기하는 경향이 나타나고 있으며, 이는 사회 전반의 외로움과 정서적 결핍으로 이어지고 있다(트렌드모니터, 2024). 경제적 불안정과 지속되는 경기 불황, 청년실업 심화로 인한 삼포세대(三抛世代) 및 '5포세대'의 등장은 현대인의 경제적 결핍과 사회적 관계 단절의 심화를 보여준다(권하영, 2024).

그 결과 오늘날 한국인이 일상에서 느끼는 외로움 수준은 꾸준히 높은 수치를 기록하고 있다. 2019년 59.5%, 2021년 60.2%, 2024년 57%를 기록했다. 전체 응답자의 대다수(89.0%)가 사회 전반적으로 외로움을 느끼는 사람들이 많다는 데 공감했다. 외로움을 느끼는 가장 큰 이유는 '경제적인 여유가 없어서'(40.2%)였으며, '딱히 만날 사람이 없다는 느낌이 들어서'(37%), '미래에 대한 희망이 없어서'(31.4%), '그냥 세상에 나 혼자 있는 듯한 느낌이 들어서'(31.3%) 등 정서적 결핍을 호소하는 경우가 많았다(〈그림 12－2〉). 사회적 관계 결핍을 경험하는 한국인들은 '소소

그림 12-2 한국인이 일상에서 '외로움'을 느끼는 이유[2]

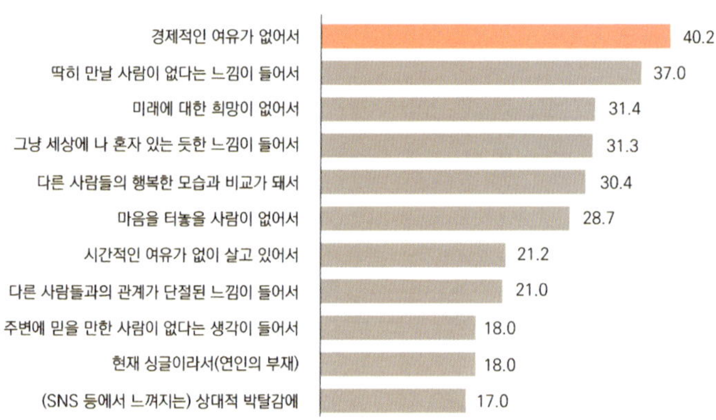

(Base: 평소 외로움 느끼는 편' 응답자, N=595, 주요 응답값 제시, 단위: 중복 %)

2) 트렌드모니터 (2024). 낮아지는 신뢰감, 깊어지는 외로움: 이제는 '국가'의 역할이 필요한 때 2024 '외로움' 관련 인식 조사 Retrieved from https://www.trendmonitor.co.kr/tmweb/trend/allTrend/detail.do?bIdx=2994&code=0404&trendType=CKOREA

한 일상 속 감정 소통'의 필요성을 느끼고 있다(트렌드모니터, 2024).

많은 사람들이 외로움을 문화콘텐츠를 통해 해소한다. 한국인들의 외로움 해소 방법으로 TV 시청(37.7%)과 OTT 시청(36.8%)이 1, 2위를 차지했다. 경제적 결핍이 사회적 결핍과 정서적 결핍으로 이어지며, 이로 인한 결핍과 욕구를 온라인 콘텐츠와 가상 세계에서 충족하고 있음을 알 수 있다(트렌드모니터, 2024). 이는 한국만의 현상이 아니다. Statista(2024)의 'Most popular influencer genres 2024'[3]에서 볼 수 있듯이, 먹방은 많은 나라에서 가장 많이 소비되는 콘텐츠로 자리매김하고 있다. 한국을 넘어 전 세계인의 경제적·사회적 결핍을 충족시키는 역할을 하고 있는 것으로 보인다.

먹방은 단순한 오락이나 유행을 넘어서, 경제적 불안과 사회적 관계 단절, 정서적 결핍 등 현대 사회의 구조적 문제들을 반영하는 문화 현상이다. 특히 먹방은 정서적 허기라는 결핍에 소구한다. 음식 자체의 맛이나 냄새보다는 먹방을 시청함으로써 느끼는 감정적 만족감을 통해 정서적 허기를 채운다는 것이다. 이에 먹방 시청을 '정서적 허기(sentimental hunger)' 또는 '정서적 식욕(emotional eating)'을 해소하고 심리적 안정을 추구하고자 하는 현상으로 설명하기도 한다(Gould, 2007). 아무리 먹어도 해결되지 않는 무기력증이나 욕구 불만으로 나타나는 마음의 문제를, 사회 구성원 다수가 정서적 결핍과 갈증을 느끼는 '허기 사회'라고 진단하기도 한다(주창윤, 2013).

이에 류웅재(2015)는 이러한 허기가 배재와 과잉으로 맥락화된다고 보았다. 먹방 시청은 고단과 궁핍의 시대, 여유 없이 치열한 경쟁에 내

3) 6장. 방송 시장으로 먹방의 경제학, 국내외 먹방 시장에서 결과를 자세히 다루고 있다.

몰리는 삶 속에서 위안과 공감, 그리고 연대의 경험을 제공하는 하나의 문화적 대응이다. 현대 사회의 경쟁과 불안, 그리고 정서적·경제적 허기는 먹방과 쿡방이 주는 성취감, 만족감을 통해 충족된다. 이와 동시에, 평범하고 소박하며 건강한 음식을 직접 요리하는 행위는 웰빙과 힐링, 자기계발을 추구하는 신자유주의적 문화 논리와도 맥락을 같이하며, 개인화된 사회에서 집밥이나 어머니의 손맛 등 전통적 정서를 공유하는 데 기여한다. 먹방 속에서 형성되는 느슨한 공동체는 문화적 실천과 참여의 장으로 작용하며, 고단한 삶을 위로하는 역할을 한다.

코로나 19를 통해 먹방 시청이 증가, 확산한 것도 결핍과 관련하여 논의할 수 있다. 사회적 거리 두기와 외출 제한으로 인해 사람들이 외식이나 대면 식사 경험을 자유롭게 하지 못하면서 음식에 대한 갈망이 커졌고, 이를 대리 만족할 수 있는 먹방 콘텐츠의 소비가 증가했다. 정서적 위안을 찾거나 심리적 결핍을 보완하는 수단으로 먹방이 활용되었으며, 이는 코로나19 시기의 사회·심리적 맥락에서 더욱 두드러지게 나타난 현상으로 볼 수 있다.

실제로 코로나19 기간 동안 사람들의 라이프스타일과 미디어 소비 행태에 큰 변화가 일어났다. 집에 머무르는 시간이 급증하면서 유튜브 사용 시간이 크게 늘었고, 먹방 관련 콘텐츠의 확산, 배달 음식 주문의 증가, 그리고 사회적 관계 단절 및 고립감의 증대가 함께 관찰되었다. 특히 사회적 거리두기로 인한 물리적 만남의 제한은 전 세대에 걸친 디지털 미디어 소비 증가를 초래했다.

특히 팬데믹 기간동안 유튜브는 다양한 콘텐츠로 많은 사람들이 세상과 소통하는 주요 매체로 자리 잡았다. 밀레니얼과 X, Z세대는 유튜브를 주된 정보 및 오락 매체로 활용하는 것이 일상화되고, 혼자 생활하는 사람들은 불안감과 고립감을 달래기 위해 유튜브를 라디오처럼 하루 종일 틀어놓는 경우도 많았다고 한다. 밀레니얼 세대 5명 중 1명은 요리와 음식에 대한 취미를 개발하는 데 유튜브 콘텐츠가 크게 기여했으며, X세대는 팬데믹 동안 외부 활동이 제한되자 브이로그형 술먹방도 많이 시청했다고 한다(장정아 · 김도희, 2021).

팬데믹은 식습관에도 뚜렷한 변화를 가져왔다. 한국건강증진개발원(2020)의 조사에 따르면, 코로나19 이후 '배달 음식 주문 빈도 증가'(22.0%), '집에서 직접 요리해 먹는 빈도 증가'(21.0%), '체중 증가'(12.5%), '운동량 감소'(11.4%) 등이 두드러졌다. 20대와 30대에서는 배달 음식 주문 빈도와 체중 증가가 주된 변화였고, 50대 이상에서는 집에서 직접 요리하는 빈도가 상대적으로 높았다. 이러한 변화 속에서 먹방은 더욱 인기를 얻게 되었다. 배달 음식 의존도가 높은 젊은 층에서는 먹방을 통해 간접적인 음식 경험을 즐기고, 직접 요리하는 층에게는 새로운 요리법을 배우거나 다양한 식재료 활용법을 접하는 기회가 되었다.

결국, 먹방의 인기는 단순한 음식 소비를 넘어 현대 사회에서 많은 사람들이 느끼는 정서적 결핍과 연결 욕구를 반영한다. 특히, 팬데믹으로 인해 사회적 고립과 식습관의 변화가 두드러지면서 먹방은 대리적 만족과 심리적 위안을 제공하는 중요한 매개체가 되었다. 혼밥이 일상화된 시대에 먹방은 개인과 개인을 연결하는 새로운 형태의 공동체적 식문화로 자리 잡았으며, 이는 단순한 유행을 넘어 지속적인 문화적 현상으로 정착할 가능성을 보여준다.

3 먹방과 충족

결핍을 채우기 위해 시작된 먹방은 다양한 충족을 제공한다. 먹방이 주는 충족감은 크게 심리적, 감각적, 사회적, 대리적 경험 네 가지 측면에서 정리할 수 있다. 먼저, 먹방은 현대인의 심리적 결핍을 다양한 방식으로 충족시키며, 단순한 식사 행위를 넘어서 사회적 유대감을 형성하고 정서적 위안을 주는 다층적인 문화 현상으로 자리매김하고 있다. 간단한 레시피와 '집밥'의 정서를 통해 1인 가구에 따뜻한 위안과 식사 공동체를 선사하고, 대리만족을 통해 스트레스와 사회적 압박을 해소한다.

인기 먹방 크리에이터들의 콘텐츠는 혼밥하는 시청자들에게 가상의 식사 동반자로 작용하며 심리적 충족을 준다. 인기 먹방 크리에이터 쯔양이나 히밥의 영상은 단순한 음식 섭취를 넘어, 풍부한 리액션과 친근한 소통을 통해 시청자들에게 정서적 안정감을 제공한다. 마치 함께 식사하는 듯한 분위기를 연출해 외로움을 해소하고, '누군가와 함께 먹고 있다'는 심리적 만족을 느끼게 함으로써 현대인의 결핍을 보완한다.

또한 먹방 영상의 댓글 창이나 실시간 채팅을 통해 구독자들 간의 소통이 이루어지면서 또 다른 형태의 심리적 충족이 발생한다. 시청자들은 비슷한 관심사를 가진 사람들과 음식에 대한 감상을 공유하거나 일상적인 대화를 나누며 온라인 커뮤니티 속에서 소속감을 느낀다. 이러한 상호작용은 단순한 영상 소비를 넘어, 함께 즐기는 '공동의 식사 경험'을 형성하는 데 기여한다. 이는 전통적인 밥상 공동체의 개념과 연결될 수 있다. 과거 가족이나 마을 공동체가 한자리에 모여 식사를 나누며 유대감을 형성했던 것처럼, 현대의 먹방 커뮤니티는 디지털 공간에서 가상의 식탁을 공유하는 역할을 한다. 물리적으로는 각자의 공간에서 혼자 식사하더라도, 온라인에서 함께 음식을 이야기하고 공감하는 과정 속에서 현대적 형태의 공동체성이 형성된다.

두 번째는 감각적 충족이다. 먹방에서의 감각적 충족은 주로 ASMR을 통해 이루어진다. 먹방은 음식의 색감, 질감, 씹는 소리 등을 통해 시·청각적 감각을 자극하여 즐거움을 준다. 크리에이터가 음식을 씹고 삼키는 소리, 음료수 캔이나 음식 포장을 여는 소리 등은 시청자에게 독특한 만족감을 제공한다. '쩝' '후루룩' '음' '얌' 등으로 표현되는 먹는 소리는 반복 시청을 유도하는 매력이 있으며, 다양한 감각적 충족을 제공한다. 특히, 바삭한 튀김을 씹는 소리, 국물을 시원하게 들이키는 소리, 부드러운 음식을 입안에서 녹이는 소리 등은 시청자의 청각적 만족을 극대화하며, 실제로 음식을 먹는 듯한 생생한 경험을 선사한다. 이러한 ASMR 요소는 단순한 시청을 넘어 뇌에서 맛과 질감을 상상하게 만들고, 식욕을 자극하거나 스트레스를 완화하는 효과를 가져온다. TV와 같은 전통매체의 먹방과 차별화되는 충족이라고 볼 수 있다.

온라인 먹방은 시각적 요소뿐만 아니라 소리까지 활용하여 감각적 몰입도를 높이며, 궁극적으로 강한 즐거움과 만족감을 제공하는 콘텐츠로 자리 잡고 있다. 예를 들어, 바삭한 치킨을 한입 베어 무는 소리, 김이 모락모락 나는 라면을 후루룩 마시는 소리, 고기를 철판에서 지글지글 굽는 소리는 시청자들이 직접 음식을 먹는 듯한 생생한 감각을 경험하게 만든다. 뿐만 아니라, 음식 포장을 뜯는 소리, 음료를 따르는 소리, 젓가락이나 수저가 그릇에 닿는 소리 등도 심리적 안정과 행복감을 촉진하는 요소로 작용한다. 이러한 소리들은 시청자들의 원격 존재감

(telepresence)을 높여, 마치 먹방 크리에이터와 같은 공간에서 함께 식사하는 듯한 몰입감 있는 시청 경험을 제공하는 역할도 한다(Kircaburun et al., 2021b).

즉 ASMR 먹방의 시·청각적 요소는 시청자에게 안도감, 이완감, 기쁨, 진정 효과를 주며 이를 통해 지속적인 시청을 유발한다. 먹방은 감각적 충족을 통해 시청자에게 독특하고 다층적인 즐거움을 제공하며, 특히 디지털 환경에서 소비되는 먹방은 기존 TV 먹방에서는 얻기 힘든 몰입감과 개인 맞춤형 경험을 제공한다. 시청자는 원하는 먹방 유형을 선택하고, ASMR 요소가 극대화된 영상이나 실시간 소통이 가능한 방송을 통해 보다 능동적으로 감각적 충족을 경험할 수 있다. 이러한 차별점 덕분에 먹방은 단순한 음식 소개 프로그램을 넘어, 감각적 즐거움을 제공하는 독특한 문화 콘텐츠로 자리 잡고 있다.

세 번째는 사회적 충족이다. 먹방은 시청자들이 식생활에 대한 이야기를 나누고 친밀한 관계를 형성할 수 있는 공간을 제공한다. 현실에서 결여된 사회적 관계를 온라인상에서 재구성하며, 화면을 매개로 한 공동 식사 경험은 일상성을 부여하고 '밥정'이라는 개념을 구현하는 장으로 작용한다(홍석경·박소정, 2016). 먹방은 호스트뿐 아니라 시청자들 간의 댓글, 좋아요 등 온라인상의 상호작용을 통해 '준사회적 관계(parasocial relationship)'를 형성한다. 이 '준사회적 관계'는 미디어 속 등장인물과 이용자 사이에 형성되는 가상의 친밀감 혹은 상상적 인간관계를 의미하며, 일상적인 대면 커뮤니케이션에서 느끼는 친밀감과 유사한 경험을 제공한다(Sanskriti et al., 2023).

이러한 준사회적 관계는 특히 실시간 스트리밍 먹방에서 더욱 강화된다. 시청자들은 단순히 영상을 시청하는 데 그치지 않고, 채팅을 통해 호스트와 직접 소통하거나 다른 시청자들과 교류하며 유대감을 형성한다. 예를 들어, 인기 먹방 크리에이터들은 시청자들의 닉네임을 부르며 질문에 답하거나 개인적인 이야기를 나누면서 친밀한 분위기를 조성한다. 이 과정에서 시청자들은 단순한 구경꾼이 아니라, 마치 함께 식사하는 듯한 경험을 하며 먹방 호스트와 정서적으로 연결된다. 또한, 같은 방송을 시청하는 이들끼리 음식 추천이나 개인적인 식사 경험을 공유하면서 자연스럽게 온라인 커뮤니티가 형성되기도 한다. 이러한 상호작용을 통해 먹방은 단순한 영상 콘텐츠를 넘어, 현대 사회에서 결여된 사회적 관계를 보완하는 중요한 역할을 하고 있다.

즉 단순한 심리적 충족을 넘어서서, 먹방은 사람들 간의 관계 형성을 돕는 사회적 충족의 기능도 수행한다. 심리적 측면에서는 시청자들이 외로움을 해소하고 정서적 위안을 얻을 수 있도록 돕지만, 사회적 측면에서는 같은 관심사를 가진 이들이 모여 상호작용하며 커뮤니티를 형성하는 기회를 제공한다. 이러한 점에서 먹방은 개인적 만족을 넘어 현대 사회에서 부족한 사회적 연결을 보완하는 하나의 문화적 장치로 자리 잡고 있다.

네 번째는 대리적 경험 충족이다. 대리적 경험 충족은 심리적 충족 등 다른 유형의 충족과 동시에 발생하는 경우가 많으며 팬데믹 발생 이후 여행 브이로그와 맛집 탐방 등 대리만족 콘텐츠의 수요가 급증했다. 사회적 이동이 제한되고 실내 거주 시간이 늘어나면서, 사람들은 가상 비행, 코로나 이전의 여행 브이로그, 맛집 탐방 영상을 통해 여행과 외식을 간접적으로 체험하게 되었다. 여행이나 맛집 탐방과 같이 현실 세계에서의 결핍을 지닌 이들이 콘텐츠를 통해 여행이나 맛집 탐방과 같은 특별한 경험을 경제적 부담 없이 즐길 수 있게 된 것이다.

이러한 대리적 경험 충족의 흐름 속에서 먹방 역시 중요한 역할을 하고 있다. 직접 특정 음식을 먹거나 유명한 맛집을 방문하지 못하는 사람들은 먹방을 통해 그 경험을 간접적으로 체험하며 만족감을 얻는다. 예를 들어, 한국 음식에 관심 있는 외국인들은 먹방을 통해 한식을 간접적으로 경험하며 맛과 식문화에 대한 호기심을 충족할 수 있다. 예를 들어, 김치, 삼겹살, 떡볶이 같은 음식을 직접 접해보지 않은 이들도 먹방을 보며 조리 과정과 식사 방식을 익히고, 마치 현장에서 함께 먹는 듯한 대리적 만족을 얻는다. 이러한 경험은 단순한 시청을 넘어 한식에 대한 관심을 높이고, 실제로 한식을 찾아 먹어보는 계기로 이어지기도 한다.

또한, 특정 음식을 먹는 것이 어려운 상황에서도 먹방은 대리적 체험을 가능하게 한다. 예를 들어, 채식주의자나 특정 식이 제한이 있는 사람들은 고기나 해산물 먹방을 보며 직접 먹지 않더라도 그 맛과 식감을 간접적으로 경험할 수 있다. 경제적 이유로 고급 요리를 접하기 어려운 사람들에게도 먹방은 미쉐린 레스토랑이나 고급 호텔 뷔페를 체험하는 기회를 간접적으로 제공한다. 더 나아가, 전통 시장이나 현지 길거리 음식을 소개하는 먹방 콘텐츠는 해외 여행을 가지 않고도 그 나라의 식문화를 체험하는 대안적 방식으로 활용될 수 있다

결국, 먹방은 현대 사회에서 직접 경험할 수 없는 다양한 미식 체험을 가상 공간에서 가능하게 하며, 이를 통해 시청자들에게 감각적 · 정서적 만족을 선사하는 미디어 콘텐츠로 자리 잡고 있다. 디지털 공간에서 먹방이 전 세계적으로 확산되고 있는 이유이기도 하다. 특히, 국가 간 이동이 제한되거나 한식이 낯선 지역에서도 먹방을 통해 한국 음식을 접하며 자연스럽게 관심을 가지게 되고, 이는 한식의 세계화에도 기

여하고 있다. 또한, 알고리즘 추천을 통해 언어 장벽을 넘어 다양한 문화권의 사람들이 먹방을 소비하면서, 음식이 공통된 관심사로 작용해 새로운 형태의 문화 교류가 이루어지고 있다.

4 먹방이라는 헤테로토피아

온라인 먹방은 이전에는 존재하지 않았던, 디지털 시대에 탄생한 새로운 현상이다. 새로운 형태의 미디어 콘텐츠이자 현상인 먹방을 푸코의 헤테로토피아 관점에서 되짚어보고자 한다. 먹방은 다양한 사회적, 문화적 공간들이 중첩된 또 다른 현실의 공간이다. 먹방을 시청하는 사람들은 직접 경험하지 못한 '함께 먹는 공간'을 대신 체험하며, 이를 통해 고립된 존재감을 해소하고 사회적 결속을 느낄 수 있다. 푸코가 말한 헤테로토피아는 현실과는 다른 시간과 공간을 제시하는 것으로, 먹방은 이와 같은 비정상적이고 비일상적인 경험을 제공하게 된다.

푸코가 제시한 헤테로토피아 개념은 현실의 질서와는 다른, 혼재된 시간과 공간이 공존하는 '타자적 장소'를 의미한다. 이러한 관점에서 먹방은 전통적인 식사의 공간을 넘어, 가상과 현실이 교차하는 헤테로토피아적 장으로 해석될 수 있다. 시청자들은 먹방을 통해 물리적 한계를 넘어선 공동체적 경험을 체험하며, 이는 현대인의 고립감을 해소하고 새로운 정서적 유대감을 형성하는 데 기여한다.

먹방은 기존 사회 규범과는 다른 대안적 사회 공간을 제공함으로써, 개인이 내면의 욕구와 정체성을 재구성할 수 있는 현대적 헤테로토피아로 자리잡고 있는 듯하다. 기존에 존재하지 않았던 새로운 공간으로, 그 속에서 자신을 타자화해 보면서 주체의 재형성이 가능한 공간이다. 먹방을 통해 극단적인 식습관에 영향을 받을 수도 있지만 대리만족을 통해 폭식행동을 타자화해 보며 자신을 돌아보고 성찰하는 기회가 될 수도 있다. 그런 차원에서 먹방은 자기배려를 가지게 되는 공간이 될 수도 있고 그런 차원에서 푸코가 정의하는 헤테로토피아의 특징을 담고 있다. 쾌락과 일탈의 경험은 주체로 하여금 불안을 경험하게 하고 이 불안을 통해 자기배려를 깨달을 수 있기 때문이다.

즉 폭식이라는 자기 파괴적인 일탈 행동을 통해 대리만족을 경험하지만, 건강한 신체 유지라는 사회적 규범과 일탈 행동 사이의 긴장 속에서 폭식의 위험성을 깨닫고 다시금 건강한 신체 유지라는 자기 배려의 필요성을 인식하게 되는 것이다. 즉, 먹방은 단순히 개인의 스트레스와 식행동에 대한 일탈행동의 콘텐츠화를 넘어서 자기 배려의 공간으로도 작동할 수 있다. 실제로 먹방 유튜브 댓글 분석 연구(안순태 · 임유진 · 이하나, 2020)를 통해, (폭식이) 부럽지 않다, 걱정된다 등의 반응이 많이 발견되었고, 이는 일탈행위로서 과식과 폭식을 대신해주는 먹방 유튜버를 통해 폭식의 위험성을 자각하고 자기배려의 필요성을 인식하는 과정이라고 볼 수 있다.

또한 고열량, 저영양 음식이 나오는 콘텐츠 보다 그렇지 않은 콘텐츠에서 유튜버를 향한 직접적인 호감도를 표현된 경우가 더 많았다(안순태 · 임유진 · 이하나, 2020). 몸에 좋지 않은 음식을 먹는 유튜버에게는 "안쓰럽다", "많이 힘들겠다" 등의 댓글이 많이 관찰되었고, "먹어주세요" 댓글과 "맛있겠다" 댓글은 정반대의 결과를 보였다. 고열량, 저영양 식품이 콘텐츠인 경우 "먹어주세요"의 비율이 고열량, 저영양 식품이 없는 경우 보다 더 높았고(55% v. 47%), "맛있겠다"라는 댓글은 고열량, 저영양 식품이 없는 경우가 있는 경우보다 조금 더 높았다(38% v. 35%). 이러한 차이는 통계적으로 유의미하였는데, 몸에 좋지 않은 음식의 경우는 대신 먹어달라고 요청하는 경우가 더 많았고, 상대적으로 건강한 음식의 경우에 대해 맛있겠다고 반응하는 경우가 많았다는 것을 보여준다.

이러한 연구결과는 '타자적 장소'로서 건강과 음식에 대한 기존 사회규범에 반하는 행동이 일어나는 먹방 공간 속에서 대신 먹어주는 유튜버를 향한 감정적 반응과 그 속에서 주체의 재형성이 일어나고 있음을 보여준다. 몸에 좋지 않은 음식에 대해서는 "먹어주세요"라는 댓글이 더 많고, 몸에 좋지않은 음식이 없는 콘텐츠에 "맛있겠다"라는 댓글이 더 많다는 점은 타자화를 통한 주체의 재형성으로 볼 수 있다.

즉 먹방은 기존에 존재하지 않았던 새로운 공간으로, 그 속에서 자신을 타자화해 보면서 주체의 재형성이 가능한 공간으로 기능하고 있다. 먹방을 통해 극단적인 식습관에 영향을 받을 수도 있지만 대리만족을 통해 폭식행동을 타자화해 보며 자신을 돌아보고 성찰하는 기회가 될 수도 있기 때문이다. 쾌락과 일탈의 경험은 불안을 경험하게 하고 이를 통해 자기배려를 깨달을 수 있다. 물론 일탈의 경험에 함몰되거나 쾌락에 집중하여 불안을 느끼고 자신을 역으로 돌아보는 경험을 하지 않게 되는 경우도 많을 것이다. 중요한 것은 일탈의 경험을 통해 불안을 느끼고 자기배려까지 이어지는 것이 가능하다는 점이다.

구체적으로 유튜브 크리에이티브를 향해 직접적인 호감도를 표현한 댓글은 고열량, 저영양 음식을 노출한 콘텐츠(38.6%)보다 노출하지 않은 콘텐츠(61.4%)에서 더 많이 나타났다. 오히려 고열량, 저영양 음식을 노출한 콘텐츠에는 몸에 좋지 않은 음식을 먹는 유튜브 크리에이터가 "부럽지 않다"는 의미와 "많이 힘들겠다"는 의미의 댓글들이 관찰되었다(예: "힘들어보인다", "너무 안쓰럽... 매운 거 못 드시면 억지로 안 드셔도 돼요!!", "너무 힘들게 먹었습니다. 수고하셨습니다", "엄청 달 것 같은데.. ㄷㄷ 똥개님 힘들지 않을까 이제는 살짝 걱정이 드네요 ㄷㄷㄷ", "솔직히 처음에는 맛있는데 후반에 먹기 힘들죠?")(안순태 · 임유진 · 이하나, 2020).

위와 같은 댓글들은 타자화를 통해 나타나는 반응들로 이러한 반응들은 자기배려로 이어질 가능성이 높아보인다. 즉 먹방 콘텐츠는 대리경험을 통한 폭식을 통해 건강한 신체 유지에 대한 사회적 규범과의 긴장을 통해 자기 돌봄의 필요성을 깨닫게 될 수도 있다. 실제로 초기 과식 폭식에 치우친 먹방 콘텐츠가 다양한 콘텐츠로 진화, 확장되고 있는 것은 그런 맥락에서 살펴볼 수 있다.

온라인 먹방은 초기의 '대식' 중심에서 벗어나 다양한 유형으로 발전하며 개인의 변화하는 욕구를 세밀하게 충족하고 있다. 자기계발과 경쟁 속에서 피로감에 시달리는 현대인들에게 정서적 허기를 충족하는 '힐링'이 키워드로 부상하자, 먹방 역시 자연 속에서 신선한 재료로 요리하여 즐기는 콘텐츠를 선보이기 시작했다. 대표적인 유튜버로는 '냥숲 nyangsoop(약 119만)', 'Men With The Pot(약 190만)', '캠핑한끼'(약 56만 구독자)가 있다. 이들은 아름다운 자연 경관에서 신선한 재료를 직접 손질하여 즐기는 모습을 보여준다.

혼자 먹더라도 자신이 먹고 싶은 음식의 레시피를 찾아 한 끼를 정성스럽게 준비하는 문화가 확산되면서(Buzz Metrix, 2014), 건강한 레시피와 간단한 집밥 레시피를 소개하는 쿡방이 새로운 트렌드로 자리잡기도 했다. 대표적으로 '매일맛나 delicious day(약 530만)', '자취요리신 simple cooking(약 206만)', '무니키친(약 161만)', '유지만 yuziman(약 75만)', '수

리키친 Suri(약 60만)', '쿡언니네 cookunnyne(약 42만)' 등이 있다. 간단한 레시피는 쇼츠 형태로도 재생산되며, 혼밥을 외롭고 처량한 식사가 아닌 혼자서도 잘 챙겨 먹는 긍정적인 식사 문화로 변화시키고 있다.

다양한 방식으로 진화하고 있는 먹방에 대해 체계적인 연구와 논의가 요청된다. 예를 들어 먹방이라는 공간에서 일어나는 인식과 태도, 반응이 그 자체로 어떤 의미를 지니는지, 먹방콘텐츠 간 연결성은 어떠한지, 다양한 먹방 콘텐츠를 통해 일어나는 자기 성찰, 자기 배려의 현상 등은 추후 연구를 통해 살펴보면 큰 의미가 있을 것이다. 먹방은 과식, 폭식의 내용만 담고 있지 않으며 다양한 콘텐츠가 생산, 소비되고 있는 현상은 그에 걸맞은 다양한 욕구와 충족이 투영되고 있는 것으로 볼 수 있기 때문이다.

먹방 콘텐츠는 단순한 음식 섭취 행위를 넘어, 현대인의 정서적 결핍과 사회적 관계 형성 욕구를 반영하는 중요한 문화적 현상이기도 하다. 이러한 콘텐츠가 제공하는 감정적 연결과 대리적 경험은 기존의 미디어 소비 방식과 차별화되며, 먹방을 소비하는 방식 또한 개인의 심리적 상태나 사회적 환경에 따라 다르게 작용할 수 있다. 따라서 먹방이 미디어 환경에서 수행하는 역할과 그 사회적 의미를 보다 심층적으로 탐구하는 것이 중요하다.

먹방에 대한 단층적인 관점이나 논의를 넘어서서 먹방이라는 공간에서 이루어지고 있는 소통과 그 의미에 대한 학문적 관심과 사회적 논의가 절실히 요청된다. 초기 먹방과는 달리 세분화되고 진화되고 있는 먹방 콘텐츠를 살펴보고 이러한 콘텐츠가 사회 구성원의 정신적, 신체적 건강에 미치는 파급효과를 면밀히 분석할 필요가 있다. 먹방이 단순한 오락적 기능을 넘어선 문화적, 사회적 의미를 지니고 있는 만큼, 그 긍정적·부정적 영향을 균형 있게 평가하는 것이 중요하다. 향후 연구를 통해 먹방이 개인과 사회에 미치는 다층적인 영향을 보다 심도 있게 조명할 필요가 있을 것이다.

5 맺음말

1인 미디어 중심의 온라인 먹방은 기존 텔레비전 먹방·쿡방과 달리 시청자들과 직접적으로 소통하며 다양한 콘텐츠를 제공하고 있다. 사회적 관계 결핍에 따른 공동 식사 욕구를 대리 만족시키기 위해 시작된 초기의 소통형 먹방은 시간이 지나면서 재미와 도전 요소를 가미한 대식, 도전 먹방 등으로 진화했다. 또한 쿡방을 통한 시청자들의 능동적인 요리 경험 참여 욕구가 생겨나자 관련 콘텐츠가 인기를 얻었으며, 힐링이 트렌드로 자리잡으면서 자연 속 먹방, 동물 먹방, 여행 먹방, 애니메이션 먹방 등 다양한 형태의 특화된 먹방이 등장해 시청자들의 욕구를 충족시키고 있다.

먹방이 단순한 식사 콘텐츠를 넘어 문화적 현상으로 자리매김하면서 "Do you mukbang?"과 같은 표현이 등장할 정도로 글로벌 인지도를 얻고 있다. 이는 먹방이 하나의 '행위'나 '경험'을 넘어 새로운 소통 방식이자 콘텐츠 소비 문화로 정착했음을 보여준다. 특히 다양한 언어와 문화권의 크리에이터들이 자신만의 스타일로 먹방을 재해석함으로써, 먹방은 전 세계적으로 통용되는 디지털 커뮤니케이션의 하나로 확장되고 있다. 나아가 이러한 흐름은 글로벌 미디어 환경 속에서 한국형 콘텐츠의 경쟁력과 영향력을 다시금 부각시키는 계기가 되고 있다.

무엇보다 먹방은 엔터테인먼트 콘텐츠이다. 먹방 시청 자체가 목적이 아닐 때에도 배경 콘텐츠로 틀어놓고 시간 보내기나 머리를 식히기 위해 활용된다. 먹방 시청 동기 중 공통적으로 나타나는 핵심 요소는 바로 오락적 동기이다. 쾌락과 일탈의 경험도 이와 관련된다. 현실에서는 쉽게 시도하기 어려운 폭식이나 다양한 이색적인 음식을 간접적으로 경험하는 것은 다른 엔터테인먼트 콘텐츠를 소비하는 것과 같은 맥락에서 볼 수 있다.

마찬가지로, 먹방의 시청자도 단순한 소비자가 아니라 적극적인 해석자로서 먹방의 의미를 자신만의 방식으로 구성한다. 특정 먹방 크리에이터의 스타일이나 음식 선택에 따라 감정적으로 몰입하거나, 댓글을 통해 적극적으로 의견을 교환하며 콘텐츠에 능동적으로 참여하는 것이다. 이러한 점에서 먹방은 단순한 수동적 시청을 넘어, 오락과 참여, 그리고 해석이 결합된 복합적 미디어 경험으로 기능하고 있다.

특히 먹방은 개인적 오락을 넘어 사회적 시청(social viewing)의 특성을 지닌다는 점에서도 주목할 만하다. 사회적 시청이란, 미디어 콘텐츠를 단순히 혼자 소비하는 것이 아니라, 다른 사람들과 함께 시청하거나 온라인을 통해 의견을 나누며 상호작용하는 현상을 의미한다. 먹방의 경우, 시청자들은 실시간 채팅을 통해 방송 진행자 및 다른 시청자들과 소통하며, 음식에 대한 감상을 공유하거나 개인적인 경험을 나눈다. 이는 오프라인에서 가족이나 친구들과 함께 식사하며 대화를 나누는 경험과 유사하게 작용할 수 있다. 특히, 소셜 미디어와의 결합을 통해 먹방은 단순한 영상 소비를 넘어, 온라인 커뮤니티와 팬덤 형성을 촉진하며, 집단적 경험을 만들어내는 중요한 엔터테인먼트 방식으로 자리 잡고 있다.

이러한 특징은 먹방 콘텐츠의 다변화를 통해 확인할 수 있는데, 오늘날 먹방은 크리에이터의 개성과 창의력이 반영된 다양한 즐거움의 요소를 포함하고 있다. 도전 챌린지 먹방, 여행 음식 먹방, 요리 대결, 동물 먹방 등도 있고, 대화와 경험담을 공유하는 소통에 초점을 둔 콘텐츠도 많다. 결론적으로, 먹방은 1인 미디어의 특성을 기반으로 개인의 다양한 욕구—오락, 정보, 시간 보내기, 대리 만족—를 충족시키는 복합적 엔터테인먼트 콘텐츠로 자리잡고 있으며, 이는 현대인의 결핍과 충족과 관련하여 중요한 역할을 하고 있음을 알 수 있다.

먹방은 욕구 표출과 충족의 창구이자 새로운 커뮤니케이션 수단으로 자리잡았다. 시청자들은 먹방을 통해 공동체적 식사 경험을 간접적으로 누리고, 쿡방으로 개인의 웰빙을 추구하며, ASMR이나 오락적 요소가 풍부한 크리에이터의 방송을 통해 여가와 심리적 안정, 스트레스 해소를 경험한다.

그러나 먹방 시청의 긍정적 측면과 함께 과도한 의존에 따른 부정적 영향도 주시해야 한다. 먹방이 고립감 완화, 함께하는 식사 경험, 간접적 포만감, 심리적 안정 등의 효과로 인기를 얻고 있지만, 동시에 비만, 과식, 섭식 장애, 신체에 대한 왜곡된 인식, 부적절한 식사 예절 등의 부작용을 초래할 수 있기 때문이다. 특히 먹방이 식생활과 밀접하게 연관되어 있는 만큼, 전통적인 건강 개념의 훼손, 불건강한 식습관의 조장, 섭식 장애 유발 가능성 등에 대한 논의와 면밀한 관찰이 지속적으로 이루어져야 한다.

무엇보다 결핍을 채우기 위해 과도하게 활용되는 먹방은 게임과 SNS처럼 중독성을 보일 수 있다. 따라서 우리는 먹방을 통해 충족하려는 욕구의 본질과 그 사회적 결핍의 원인, 그리고 충족 과정에서 발생하는 부작용을 지속적으로 경계하고 주의 깊게 살펴봐야 한다. 한국에서 시작된 우리의 디지털 밥상문화가 더 많은 사람에게 오랫동안 이용과 충족을 주도록 다양한 먹방의 문화적 가치와 의미를 되새기면서 순기능과 역기능을 활발히 논의하는 학술적, 사회적 환경이 조성되어야 하겠다. 그 속에서 먹방 인플루언서의 사회적 책임성, 시청자의 주체적이고 비판적인 태도와 역량이 공존하는 건강한 밥상공동체가 가능해질 것으로 생각된다.

어린 시절 외할머니 댁 마당에서 바라보던 소의 먹방이 다시금 떠오른다. 여물통에 머리를 푹 들이민 소는 이내 얼굴을 들어올렸고, 입안 가득 여물을 머금은 채 묵직한 턱을 천천히 움직이며 되새김질을 이어가곤 했었다. 가끔 고개를 들어 사람을 바라보던 맑고 느긋한 눈빛까지 기억난다. 당시에는 그저 평화롭고 정겨운 일상의 한 장면이었지만, 지금 돌이켜보면 이는 인간이 타자의 식사 장면을 지켜보며 느끼는 일종의 대리 체험이자 감각적 공감의 순간이었는지도 모른다. 먹방 콘텐츠가 제공하는 위로와 몰입 역시 이러한 감각의 연장선에 놓여 있다.

우리는 누군가의 '먹는 모습'을 지켜보며 때로는 위안을 얻고, 마음을 채우고, 때로는 마음을 비우기도 한다. 먹는 행위를 바라보는 일은 인간의 가장 원초적인 본능과 연결되어 있으며, 그 감각적 공감은 시대와 형식을 달리해도 지속될 것이다. 먹방이라는 헤테로토피아가 좀 더 건강하게 역기능은 최소화되고 순기능이 강화되며 진화, 확장되어 나가길 기대해 본다.

QR코드를 스캔하시면 참고문헌을 확인할 수 있습니다.

먹방_MUKBANG

초판발행 2025년 6월 20일

지은이 안순태
펴낸이 안종만 · 안상준

편 집 전채린
기획/마케팅 정성혁
표지디자인 BEN STORY
제 작 고철민 김원표

펴낸곳 (주) 박영사
서울특별시 금천구 가산디지털2로 53, 210호(가산동, 한라시그마밸리)
등록 1959. 3. 11. 제300-1959-1호(倫)
전 화 02)733-6771
f a x 02)736-4818
e-mail pys@pybook.co.kr
homepage www.pybook.co.kr
ISBN 979-11-303-2311-4 93070

정 가 17,000원